법의학의 세계

차례
Contents

왜 법의학이 필요한가?

지혜와 권위로 재판하던 시절이 있었다. 한 자식을 두고 서로 어미라고 주장하는 두 여자 가운데 진짜 어머니를 가리기 위해 아이를 둘로 나누어 가지라고 명령하고, 차마 자기 자식을 자를 수 없어 포기한 여자를 친어머니라고 판단한 솔로몬의 지혜는 그 좋은 예이다. 그러나 오늘날에는 그런 지혜와 권위만으로 법을 적용할 수는 없다. 그런 판결 방법을 안 여자라면 누구라도 "자식을 둘로 지를 수 없다"고 눈물을 홀릴 것이기 때문이다. 이런 판결을 한 번은 써먹을 수 있을지 몰라도 여러 번 쓸 수는 없다. 객관성(조건이 같으면 누가 하더라도 같은 결과가 나오는 성질)이나 재현성(다시 그렇게 하더라도 같은 결과가 나오는 성질)이 있는 과학적인 판단이 아니기 때문이다.

오늘날의 재판에서는 이런 경우에 혈액검사를 하여 아이의 유전자와 같은 유전자를 가진 여자를 친어머니로 판결한다. 유전자검사 결과(과학적 증거)는 객관적일 뿐만 아니라 재현성이 있어 합리적이기 때문이다.

이와 같이 과학은 법을 시행하거나 적용하는 일에도 필요하다. 따라서 법을 다루는 사람은 이에 관한 지식을 가지고 있어야 한다. 그래야 복잡해진 사회와 시비를 가리기에 어려운 사건이 많아진 오늘날에 법을 바르게 적용할 수 있다. 나라는 법을 다루는 전문가(법조인)를 인정하고 그들에게 자격과 권위를 주었지만 사람의 능력에는 한계가 있어 그들이 법이 아닌 다른 과학적 지식을 다 이해할 수는 없다. 따라서 법을 적용하는 전문가는 의학을 비롯한 과학을 전문으로 하는 사람의 도움이 절실해졌고, 때로 그 도움은 결정적이었다.

본디 의학은 법과 관련된 과학은 아니었고 사람의 건강과 생명을 위해 발달한 응용과학이다. 다른 과학 분야도 마찬가지였지만 처음부터 의학이 '과학적'인 것은 아니었다. 의학과 관련된 생물학과 같은 다른 과학 분야들이 발달하면서, 이런 지식들을 질병 치료나 예방에 이용하면서 또 질병의 본질을 알게 되면서 점점 '과학적'이게 되었다. 이런 지식들은 때로 법을 적용하는 데에 결정적으로 도와줄 수 있는데, 다만 법을 다루는 사람들은 이를 어떻게 이용할 수 있는지를 몰랐고, 의학을 하는 사람들은 이런 지식들이 어떻게 법에 쓰일 수 있는지를 몰랐다. 법과 의학을 잇는 법의학은 이런 필요로 생겨났다.

법의학은 사람의 가치를 높게 평가하는 '인권을 존중하는' 나라에서 발달하였다. 오늘날 전세계를 둘러보아 국민의 권리를 높이 보장하는 나라는 법의학 또한 발달한 나라라고 보아도 틀림없다. 사망에 관련된 것만 보아도, 복지국가를 바라는 나라에서는 국민의 사망에 관한 사항에 많은 관심을 기울여 나름대로 자기 사회에 맞는 검시제도를 발전시켜 놓았다. 검시제도는 법의학제도의 핵심인데, 검시제도는 단순히 범죄와 관련된 사망에 국한하지 않고 보건정책의 기초 자료를 얻는 데에도 이용하고 사람들의 여러 권리를 적절하게 지켜주는 데에도 활용하고 있다.

우리 나라에서는 여러 가지 이유에서 법의학이 발전하지 못하였다. 법률이나, 사회제도나, 심지어 의학교육에서도 법의학은 아직 무관심 속에 묻혀 있다. 무역에 관한 한 우리 나라는 전세계에서 열다섯 번째이지만, 법의학 수준으로 보면 (이것이 꼭 우리 나라의 인권 상황을 반영한다고는 할 수 없을지 몰라도) 아직 후진국에 속한다. 사람의 권리가 보장되는 법치국가, 복지국가를 이루려 한다면 우리 나라도 법의학에 관심을 기울여야 한다.

과학으로서의 법의학

법의학을 소개하기 전에 '과학의 한계'를 먼저 짚고 넘어가야 할 것 같다. 과학은 객관적이고 재현성이 있는 것이기는 하지만 '반드시 진실'이라고는 할 수 없다. 과학, 다시 말해 과학자가 하는 일에 대해 사람들은 정확하지 않은 인식을 갖고 있다. 사람들은 때로 "과학자들은 과학자가 아닌 사람은 도저히 이해할 수도 없는 복잡한 (심지어 비밀스러운) 방법을 쓴다"고 믿는다. 또 과학적인 결과나 결론을 그대로 '진실'이라고 믿어 결과가 과학적이면 당연히 옳은 것이라고 지레 믿어버리기도 한다. 과학적인 방법이란 자연현상을 설명하기 위해 관찰하여 자료를 모으고, 추측하고, 가설을 세우고, 실험을 해서 이것이 증명되면 학설을 만드는 일이다. 어떤 학설은 나중에 여러 사람들이 수없이 검증해서 '자연법칙'으로 간주되지만, 어떤 학설은 나중에 잘못으로 판명되기도 한다. 될 수 있는 대로 진실에 접근하려는 것이 과학의 목표이고 그래서 과학적인 방법을 쓰기는 하지만, 진실에 접근하려는 의도가 실패하거나 드물게는 진실이 아닌 것을 진실로 믿기도 한다. 따라서 과학적인 결과를 맹목적으로 믿는 것은 터무니없는 억지로 과학적인 결과를 믿지 않는 것과 마찬가지로 위험하다. 법의학 역시 그렇다.

법의학이란?

법의학을 한마디로 정의하자면 '법률의 시행과 적용에 관련된 의학적 또는 과학적 사항을 연구하고 이를 적용하거나 감정하는 의학의 한 분야'이고, 궁극적으로는 '인권을 옹호하고 공중의 건강과 안전을 증진하여 사회정의를 구현하기 위한

의학'이다. 요컨대 법의학은 의학으로 해결할 수 있는 법률적인 문제에 관한 사항을 연구하고, 이 연구를 기초로 해서 법적인 문제를 해결하는 분야라고 할 수 있다. 결국 법의학은 의학인데 '법'을 지원한다.

법의학은 어떤 의학인가? 의학은 크게 기초의학과 응용의학으로 나눈다. 기초의학은 주로 이론적인 학문으로 의과대학 저학년에서 배우는 해부학·생리학·생화학·병리학·미생물학·약리학·기생충학 등이 이에 속한다. 응용의학은 다시 임상의학과 사회의학으로 나눌 수 있다. 임상의학은 개인의 건강과 생명을 대상으로 하므로 개인의학이라고 하거나 환자 치료가 목적이므로 치료의학이라고 한다. 이에 속하는 것이 일반인들이 잘 아는 내과학·외과학·산부인과학·소아과학·정신과학 등이다. 법의학은 사회나 공중을 대상으로 하는 환경의학·역학·의료관리학과 함께 사회의학에 속한다.

한편, 법의학은 법률의학과 법정의학으로 구분하는데 법률의학(法律醫學, Legal Medicine, Rechtsmedizin)은 의료 행위와 관련된 법률 문제, 법을 만드는 데 필요한 의학적 지식, 교통사고나 노동재해에서 생긴 장애나 후유증을 판정하는 일 따위가 주된 업무이어서 반드시 법의학 전문인이 아니더라도 의학 전반이 참여하는 법의학이고, 법정의학(法廷醫學, Forensic Medicine, Forensische Medizin, 裁判醫學)은 재판과 관련된 부분, 예컨대 사망원인을 밝히거나 친자를 감정하거나 독극물을 검출하는 등의 일을 주요 대상으로 하는 전문적인 법의학이라 할 수 있다. 또 의학적 사법(醫學的 司法, Medical Jurisprudence)은 영미 법계의 나라에서 검시를 담당하는 관리가 사법적인 권한을 행사하는 것으로 지금은 거의 쓰지 않는 용어이다. 우리 나라는 일본이나 중국과 마찬가지로 이를 구별하지 않고 그냥 '법의학(法醫學)'이라는 용어를 쓰고 있다. 앞으로 이 글에서는 '전문적인 법의학(법정의학)'을 주로 다룰 것이다.

법의학의 분야

법의학에는 여러 분야가 포함되어 있다. 시체를 검사하는 법의병리학(法醫病理學, Forensic Pathology), 혈액과 같은 인체에서 얻은 시료로 독극물을 검출하는 법의독물학(法醫毒物學, Forensic Toxicology), 혈액이나 정액 따위로 신원을 확인하는 법의유전학(法醫遺傳學), 치흔 감정이나 치아로 개인을 식별하는 법치의학(法齒醫學), 백골을 검사하여 개인을 식별하거나 사망의 원인을 알아내는 법인류학(法人類學), 지문 검사나 탄도 검사와 같이 범죄수사에서 증거를 확보하는 감식학(鑑識學) 등이 있다. 이들은 범죄와 관련된 사항이 대상이므로 형사(刑事)법의학이라고 한다. 한편, 의료과오사건을 대상으로 하는 의료법학(醫療法學), 친자감정을 위한 법의유전학(法醫遺傳學), 보상이나 배상의 기준을 정하는 배상의학(賠償醫學 또는 保險醫學)은 민사(民事) 법의학이라 할 수 있다.

예전에는 이 모두를 법의학의 분야로 분류하였으나 최근에는 다른 과학이 발달하여 사람의 손상(상해)과 죽음에 직접 관련된 법의병리학만을 법의학이라 하고, 감식학이나 독물학, 인류학, 혈청학과 같은 분야는 법과학(法科學, Forensic Science)이라고도 한다. 심지어 법의학을 법과학의 한 분야로 포함시키는 경우도 있다.

법의병리학

법의병리학은 법의학 가운데 가장 오래되고, 가장 중요한 분야이다. 실제로 '법의학'하면 으레 부검을 생각하는데 부검은 법의병리학의 가장 중요한 도구이다. 의학의 중요한 분야인 병리학은 질병이나 손상의 원인, 발생기전(mechanism), 과정, 결과들을 연구하는 학문으로 질병과 손상으로 생긴 인체의 병변을 기술한다. 법의병리학은 병리학의 세부 전문 분야로 주로 손상을 다루며, 주요 대상은 범죄와 관련되었거나 그럴 의심이 있는 죽음이나, 급작스러운 죽음, 예상하지 못한 죽음 그리고 생존자의 손상(상해)이다.

주검(屍體, 일본 사람들은 '死'와 '屍'를 모두 'し(시)'라고 읽는데 더 복잡한 '屍'보다 같은 발음이고 간단한 '死'자를 써서 '死體'라 한다. 죽은 몸뚱이를 일컫는 말로는 屍體 또는 순 우리말로 주검이나 송장이 맞다. 한편 변사체나 익사체 같은 용어는 각각 변사시체, 익사시체의 준말이므로 그대로가 맞는 말이다)을 검사하는 일을 '검시(檢屍, postmortem examination)'라 하는데, 주

검의 외관만 관찰하는 것을 '검안(檢案, postmortem inspection)'
이라 하고 주검을 해부하여 내부까지 관찰하여 사인 등을 판
단하는 것은 '부검(剖檢, autopsy)'이라 한다.

검시에서 의사가 하는 일은 (1)사망선고, (2)주검의 신원확
인, (3)사망시각 추정, (4)사망원인 결정, (5)사망의 종류 결정,
(6)증거물 확보 등이다. 요컨대 시체를 검사하여 손상이나 사
망의 상황을 객관적이고 과학적으로 다시 구성하는(재구성,
reconstruction) 일이다.

덧붙이고 싶은 말은 법의학의 전문성이다. 아직 우리 나라
에는 법의학을 전문과목으로 인정하지 않는다. 의학이 발달하
여 여러 종류의 전문의가 있는데 법의학은 아직 '중요하지 않
다(?)'고 생각해서인지 우리 나라에서는 전문의가 아니더라도
부검을 할 수 있다. 법의학이 전문적이 아니라는 생각은 마치
아이 낳으러 피부과에 가는 것과 마찬가지인 비합리적인 생각
이다. 하긴 한 세대 전만 하더라도 아이를 낳을 때에 그냥 집
에서 낳거나 조산원이 돕는 일이 흔했다. 그런데 요즘도 그런
가? 아무도 없는 곳에서, 이를테면 달리는 기차 안에서 산모가
아이를 낳게 된다면 전문의가 아닌 의사라도 달려가야겠지만
말이다.

사람의 권리와 관련된 사항이나, 법을 적용하는 데 필요한
의학적 지식을 제공하는 법의학에 전문적인 지식과 경험, 기
술이 필요함은 굳이 소리 높여 주장할 것도 없다.

부검을 해야 하나?

부검(剖檢)은 여러 모로 필요하다. 그런데 이런저런 이유로 부검을 하지 못하는 경우가 있다. 변사체라고 해서 모두 부검을 해야 하는 것은 아니다. 예컨대 방에서 변사체가 발견되었는데 같이 자던 사람은 병원에서 일산화탄소(연탄가스) 중독으로 치료를 받고 있고, 주검의 겉모습이 그렇고, 혈액을 채취하여 검사하니 일산화탄소-헤모글로빈 농도가 60%이며, 주검이 발견된 방에서 연탄가스가 새고 있음이 증명되면 부검이 필요 없다.

부검의 필요 여부는 과학적인 판단을 근거로 해야 한다. 우리 나라에서는 검찰이 수사권을 가지므로 부검 결정은 검사가 하더라도 그 전에 과학적인 또는 의학적인 조언이 우선시되어야 함은 필수적 상황이다. 더욱이 부검은 늦어질수록 알아낼 수 있는 사실이 적어지며, 한 번 부검을 하고 나면 두 번째 부검에서는 얻을 수 있는 것이 적어진다. 관행에 따라 무조건 부검하도록 결정하거나, 단순히 '두 번 죽일 수 없다'는 이유로 부검을 반대하거나 또는 다른 목적으로 부검을 방해하면 곤란하다. 잘 알려진 '부검 거부'의 예를 들어본다.

부검은 필요없다!

1991년에 한 대학생이 시위 도중에 사망한 사건이 생겼다. 강군은 학교 앞에서 시위하던 도중에 '전경한테 붙들려 뭇매를 맞고 사망하였다'. 가족과 학생들은 '공권력이 저지른 명백한 살인사건'이라고 규정했고, 전국은 큰 소용돌이에 빠졌으며, 그후 다른 학생들의 분신자살이 잇따르기도 하였다. 검찰이 수사를 시작하고 가족과 학생들, 그리고 재야단체들은 '대책위원회'를 열었다.

일견 사건은 명백하였다. 그렇지만 수사는 해야 했고, 수사권을 가진 검사(檢事)가 주검을 조사해야 했다. 그런데 검사는 주검을 구경조차 할 수 없었다. 변사사건에서 검사가 모든 변사체를 보아야 할 필요는 없으나, 사건이 사건인 만큼 검사가 변사체를 보아야 했고 또 검사의 촉탁을 받은 의사가 주검을 검사해야 하는데, 가족들과 '대책위원회'가 이를 거부하였다. 그들은 분명히 목격자가 있고, 맞아 죽은 것도 억울한데 주검에 칼을 댈 수 없으며, 더욱이 검찰을 비롯한 정부(공권력)를 믿을 수 없다는 주장이었다. 검찰을 믿을 수 없으니 검찰이 의뢰한 부검의사 역시 믿을 수 없다는 것이었다(나는 검찰이 의뢰한 부검의사 가운데 한 명이었다).

여러 날에 걸쳐 부검을 해야 하느니, 부검은 절대 못한다느니 하는 실랑이 끝에 가족들이 믿을 수 있는 의사들을 참여시켜 우선 검안(주검을 해부하지 않고 외견만 관찰)만 하여 사망원인을 알 수 있으면 부검은 하지 않는다는 조건이었다. 수사에 시체검사가 필요하다는 것은 인정하되 분명한 타살사건이니까 부검을 하지 않아도 사망원인을 알 수 있다면 구태여 주검에 칼을 댈 필요가 없다는 것이 유가족과 대책위원회의 주장이었다. 그래서 먼저 '검찰' 측 의사들과 '대책위원회' 측 의사들이 같이 주검을 검안하고, 부검 여부는 의논한 다음에 의사들의 결정에 따르기로 하였다.

강군의 이마 왼쪽에 찢어진 상처가 있었는데, 그 사실은 신문을 비롯한 대중매체를 통하여 널리 알려져 있었고, 모두들 그것이 전경이 휘두른 쇠파이프에 맞아 생긴 것이며, 그 때문에 뇌에 손상을 받아 사망한 것으로 알고 있었다. (지금도 그렇게 알고 있는 사람이 더 많다.) 그런데 이마에 있는 상처는 피부만 크게 찢어진 것으로 피는 꽤 흘렸겠으나 머리뼈는 괜찮아 사망원인이 될 수 없다는 데 양측 의사들이 의견을 같이 했다. 다른 상처가 몇 개 더 있지만 그다지 심한 것은 아니었다. 적어도 외견으로는 또 엑스레이 검사로는 그랬다. 그래서 부검

13

을 해야겠다는 의견으로 모아졌는데, 누군가가 CT(컴퓨터 단층촬영) 얘기를 했다. 나는 이제까지 주검을 CT 촬영하였다는 얘기를 들어본 적이 없고, 그후에 문헌을 찾아보니 역시 학문적인 목적으로 검사한 일은 있으나 어떤 사건을 해결하기 위하여 CT 검사를 한 적은 없었다. 게다가 방사선과 교수들도 주검에 대한 CT 경험이 없으니 정확하게 판단하기는 어려웠을 것이나 그때는 논리적인 주장보다 상황적인 힘이 더 크게 작용하던 터이고, 개인적으로는 한 번도 해본 적이 없는 주검에 대한 CT 검사를 경험해보고 싶은 생각도 있어 그러기로 하였다.

전신을 모두 CT 검사를 하고 보니 역시 머리에서는 손상을 발견할 수 없었지만, 사망원인이라고 할 만한 소견이 하나 나왔다. 혈심낭(심장탐포나데라고도 함)이었다. 심장이 들어 있는 주머니를 심낭이라고 하는데, 그 안에는 액체가 들어 있어 쉬지 않고 움직이는 심장에 윤활유 역할을 한다. 그 심낭에 피가 많이 고이면 심낭의 압력이 높아져 심장을 움직이지 못하게 억누르는 결과가 된다. 강군의 가슴 CT 사진에서는 심장운동을 억누를 정도로 액체가 차 있는데 그 액체는 혈액인 것 같았다. 따라서 직접적인 사망원인은 '혈심낭'이다.

유가족과 대책위원회는 이제 사망원인을 알았으니 "부검은 필요없다!"고 했다. 신문과 방송들도 모두 그렇다고 믿었다. 유가족과 대책위원회는 부검을 더욱 거부했고, 부검을 강행하려던 검찰(공권력)한테 이겼다는 승전보(?)도 돌았다. 결국 부검은 하지 못했다.

그런데 그게 아니다. 부검은 필요했다. 그 이유는 다음과
같다.

부검은 필요했다

첫째, 사망원인은 CT 검사만으로 확정할 수 없다. 비록 CT
가 정확한 정보를 주는 첨단 진단기계이지만 그래도 CT는 영
상을 보는 것이지 실체를 보는 것이 아니다. 부검이라는 확실
한 방법이 있는데 영상만으로 진단하는 것은 불합리하다. 예
컨대 집단건강검진에서 찍은 엑스레이 검사에서 암이 의심되
는 소견이 있다고 해서 즉시 암 치료를 시작할 사람은 없다.
더 정확한 검사가 있다면 그 검사를 해서 더 정확한 진단을
얻은 다음에 치료를 시작하는 것이 당연하다. 그런데 이건 마
치 기침이 심해서 엑스레이를 찍으니 암으로 생각되는 영상이
발견되었고, 그러니까 폐암이라고 단정한 것과 같다. 물론 암
일 수도 있다. 그리고 달리 진단할 방법이 없으면 암에 대한
치료를 하루라도 빨리 시작하는 것이 나을지도 모른다. 그렇
지만 암 치료라는 것이 단순히 아스피린 한두 알 먹는 일은
아니지 않은가?

이와 같이 한 개인에 관한 일에도 그럴진대 나라 전체가 들
썩들썩한 일에서 CT만으로 사망원인을 결정하고 만 것은 어
처구니없다. 물론 강군 부모 마음을 이해하지 못하는 것은 아

니다. 애지중지하던 아들이 경찰에 맞아 죽은 것도 서럽고 억울한데 그 주검에 칼까지 대는 것을 싫어하지 않을 부모는 없다. 그러나 그때 강군은 이미 부모만의 아들이 아니었다. 강군의 부모가 말한 것처럼 '민중의 아들'이었다. 그러므로 전경이 때려 사망했다는 사실에 조금이라도 의심이 남지 않도록 확실한 사망원인을 밝혀야 했다.

둘째, 사망원인이 어떻게 생겼는지 알 수 없었다. 심낭에 혈액이 고였고(혈심낭), 그것이 사망원인임은 인정할 수 있지만, 어떻게 심낭에 혈액이 고였는지 알 수 없었다. 보통 심낭에 혈액이 고이는 까닭은 심장이나 심장 주변에 있는 혈관에 생긴 병 때문이다. 그런 병들은 거의 나이가 들어 생기고 그때는 이미 심장 기능이 나빠져 거동이 불편해지는 것이 보통이므로, 강군처럼 시위에 참가한 젊은이가 그런 병을 갖고 있다고 보기는 어렵다.

그리고 상황을 보건대 심낭에 혈액이 고인 이유가 외상 때문이라는 것은 거의 의심할 여지가 없다. 당연히 '혈심낭'은 외상 때문이어야 한다. 그런데 '혈심낭'을 만든 외상이 분명하지 않았다. 본디 심장은 폐와 함께 갈비뼈, 가슴뼈, 등뼈로 이루어진 흉곽에 싸여 보호받는다. 따라서 심낭에 피가 고이는 손상을 받으려면 교통사고처럼 아주 큰 힘이 가해져야 하며, 그래야만 으레 갈비뼈가 부러진다. 그러나 강군 가슴에는 큰 상처가 없었다. 엑스레이나 CT로 또는 만져서 갈비뼈나 다른 뼈가 부러진 곳을 발견할 수 없었다. 다만 왼쪽 늑골연(가슴과 배를 구분하는, 갈비뼈 아래쪽) 바로 위 살갗에 길쭉한 찰과상 같은 상처가 있을 뿐이었다. CT나 다른 엑스레이 검사로 보아 심장 자체는 멀쩡했다.

그렇다면 심장 주변에 있는 혈관이 터졌다고 볼 수밖에 없는데, 심장 주변에 있는 혈관들도 그렇게 쉽게 터지는 것이 아니다. 외상은 왼쪽 아래 가슴에 있는 얕은 상처뿐이다. (이제부터는 추측이다.) 그렇다면 그 상처를 만든 충격은 어쨌거나 심장 주변까지 이르렀고, 그 때문에 심장 주변에 있는 혈관이 터졌을 것이다. 가슴에 있는 상처는 얕고, 둥그런 가슴 윤곽을 따라 생긴 것으로 보아 운동화를 신은 발로 차이거나 밟힌 것일 수 있다. 젊은 사람 갈비뼈는 나이 든 이보다 탄력이 좋아 같은 충격이라도 부러질 확률이 적다. 그렇더라도 갈비뼈를 부러뜨리지 못한 충격이 어떻게 심장 주변 혈관을 터뜨릴 것인가? 혹시 강군 스스로도 알지 못한 어떤 병을 갖고 있던 것은 아닌지? 앞에서 강군처럼 젊은 사람에서는 심장이나 주변 혈관에 병이 생기는 것을 생각할 수 없다고 하였으나, 드물지만 그럴 수도 있다. (이제는 추측에다 비약까지 덧붙인다.)

어릴 때 감기라며 지나친 카와사키병 후유증으로 심장의 관상동맥 일부분에 꽈리처럼 부푼 동맥류가 생겼다. 동맥류가 있는 동맥은 정상 동맥보다 충격에 약하다. 동맥류가 있지만 일상생활에 지장을 받지 않는다. (그럴 수 있다. 이 병은 드물지만 소아과 전문의라면 모두 알고 있는 병이다.) 그러나 갈비뼈가 부러질 정도는 아니지만 꽤 강한 충격을 받아 (동맥류가 없었다면 터지지 않았을 텐데) 동맥류가 터져 심낭에 피가 고였다. 동맥에서 출혈하니까 **빠른** 속도로 심낭에 피가 고여 심장운동을 억눌렀고 결국 사망하였다. 부검을 해서 확인하지 않았으니 추측에 비약임을 다시 밝힌다. 만일 이 비약대로라면 강군 스스로 지닌 병도 사망원인에 일부 책임이 있다. 물론 그렇다고 해서 타살이 아니라는 뜻은 아니다.

셋째, 가해자인 전경들 때문에도 부검은 해야 했다. 심낭에 피가 고인 것은 어느 충격 하나로 생긴 것이지 여러 충격이 모여 생긴 것이 아니다. 따라서 강군 죽음은 그 어느 충격 하나가 원인이다. 가해자로 전경 몇 사람이 벌을 받았는데, 정확하게 누가 강군을 죽게 한 충격을 가했는지 밝힐 수 없게 되었다. 법적으로는 '공동정범(共同正犯)'이니 하여 기소하고 판결하는 데 별 문제가 없다고 한다. 하지만 왜 모두 같은 벌을 받아야 하는지 모르겠고, 또 한 사람말고는 '내가 사람을 죽였다'는 죄책감을 조금 덜어도 될 그만큼의 인권은 전경들도 갖고 있다고 생각한다. 거꾸로 벌을 받게 된 전경 모두가 '내가 아니다'라고 생각한다면 적어도 한 사람한테는 그렇지 않다는 진실을 알려야 한다. 그게 정의가 아닌가?

부검 결정에는

강경대 군 사건에서 부검을 하지는 못했지만 앞에서 든 이유 때문에 부검이 필요했다. 그런데 많은 사람들은 부검이 필요하지 않다고 생각했고, 그 가운데에는 의사들도 많았다. 마치 부검을 다수결로 결정하여 마친 듯하였다. 인조 금강석과 천연 금강석은 굳이 보석감정가가 아니더라도 조금이라도 그 분야에 관심이 있는 사람이라면 누구라도 구별할 수 있다. 하지만 금강석의 등급은 보석감정가가 매겨야 한다. (주변에 감정가가 없다거나, 굳이 감정할 만큼 중요하지 않다면 모를까) 인조든 천연이든 반짝거리기만 하면 된다는 생각과 마찬가지로 주검을 두고 '어차피 죽었는데 부검한다고 살아나나?' 하거나, 주검을 이용하여 어떤 다른 목적을 이루겠다고 생각한다면 부검은 필요없다. 우리 나라에는 '두 벌 주검'이라는 말이 있다. 두 번 죽었다는 말인데, 사전을 찾아보면 부검을 한 주검이라는 뜻이란다. 주검에 칼을 대는 것을 싫어하는 우리의 전통을 잘 드러내는 말이다. 부검은 싫다. 누구나 그럴 것이다. 그러나 꼭 필요한 부검마저 거부하는 태도는 죽은 사람에게나 살아 있는 사람에게 조금도 도움되지 않는다. 오히려 개인의 권리 행사나 정의로운 사회 확립에 커다란 손해를 끼칠 수 있다.

이 사건 이후에 아는 분께 사정 얘기를 하소연했더니, '나무만 보려 하지 말고, 숲을 보라'고 충고해 주었다. 나무와 숲을 함께 볼 능력이 있으면 좋겠으나, 능력이 모자라면 나무만 보는 사람도 있고, 숲만 보는 사람도 있어야 한다. 그리고 이들이 모자라는 능력을 보충하며 서로 돕는다면 좋은 사회를 이룰 것 같다. 능력이 모자란 나는 나무라도 제대로 볼 작정이다.

한 가지 분명한 것은 부검으로 필요한 것을 더 알아낼 수 있다고 생각하는 사람이 아니면 부검이 필요없다고 주장하는 경우가 많다. 제발 부검 결정은 고집이나 큰 목소리로 하지 말고 좀 냉정하고 이성적으로 판단하는 것이 좋겠다.

사망시각 추정과 신원확인

　부검은 주검을 해부하여 검사함으로써 사망의 상황을 재구성하는 일이다. 죽은 사람이긴 하지만 사람의 몸을 검사하는 일이니 당연히 의사가 해야 한다. 수사권이 검사에게 독점된 우리 나라에서 검사나 수사경찰이 주검을 보지만(檢視), 그래도 사람 몸에 대한 지식이 부족할 터이니 의사의 도움을 받아야 한다. 그런데 일반 의사들은 주로 산 사람의 병을 진단하고 치료하는 일을 해왔기 때문에 주검에서 나타나는 현상이나 소견을 관찰하여 필요한 것을 알아내는 데 익숙하지 않다. 그리하여 시체검사(檢屍)하면 으레 사망원인을 알아내는 것으로 되어 있다. 가장 중요한 것이 사망원인이긴 하지만 시체검사로 알아낼 수 있는 것은 그것뿐만이 아니다. 주검의 사망시각을 추정하는 일이나 주검의 신원을 확인하는 일도 중요하다.

사망시각 추정

사람이 죽은 순간을 목격한 사람이 없으면 사망시각을 단정할 수 없다. 다만 여러 가지 방법으로 추정할 뿐이다. 사망시각을 아는 일은 가해자를 가리는 일이나 알리바이(alibi, 현장부재증명)로 억울하게 의심받는 일을 덜게 된다. 그뿐 아니라 상속이나 보험과 관련된 민사사건에도 매우 중요한 역할을 한다. 사망시각을 추정하는 방법에는 시강(屍剛, 시체강직), 시반(屍斑), 체온하강, 부패와 같은 사후 변화로 추정하는 방법과 위(胃) 내용물의 소화 정도, 방광에 고인 소변 양, 구더기의 길이, 배달된 신문이나 우유와 같은 주변 상황으로 추정하는 방법이 있다.

예를 들어 설명한다. 1995년 6월에 서울 은평구에 있는 아파트 7층에서 치과의사인 여자와 1살 된 딸이 피살된 사건이 발생하였다. 이 살인사건에서 용의자는 외과의사인 남편이었다. 결국 남편은 재판을 받았는데, 첫 번째 재판에서는 유죄 판결을 받았고, 항소심에서는 무죄 판결, 대법원에서는 유죄의 취지로 파기 환송, 다시 고등법원에서 무죄 판결을 받고, 최종적으로 2003년 2월에 대법원에서 무죄가 확정되었다. 사건이 발생한 지 무려 8년 만에 남편의 무죄가 확정되었다. 만약 남편이 범인이 아니라면, 부인과 딸이 살해된 최대의 피해자인데도 범인으로 지목받고 8년이나 재판을 받은 것이다.

이 사건이 이렇게 어려웠던 것은 피해자들의 사망시각을 결정하기 어려웠기 때문이다. 그 외에도 여러 가지 쟁점이 있었지만 중요한 것은 '언제 사망하였느냐?'였다. 이에 따라 남편이 범인일 수도 있고 아닐 수도 있기 때문이다.

요컨대 남편은 당일 아침 7시에 출근하기 위하여 아파트를 나섰다. 이에 대해서는 논란이 없다. 따라서 만약 피해자들이 아침 7시 이전의 어느 시기에 사망하였다면, 남편이 범인일 가능성은 매우 높다. 그러나 그 이후에 사망하였다면 남편은 피살자를 제외한 가장 큰 피해자이다.

아파트에서 연기가 나오는 것을 발견한 것은 8시 50분이었고, 소방대원이 출동하여 안방에 있는 장롱의 가운데 칸만 태운 화재를 진압하고, 화장실 욕조에서 피살자를 발견한 것은 9시 40분이었고, 경찰이 주검을 검사하고 수사를 시작한 것은 11시 30분경이었다. 그런데 이때에 검시 전문가가 현장에 있지 않았기 때문에 사망시각을 추정할 수 있는 여러 자료를 객관적이고 구체적으로 확인하거나 확보하지 않았다. 그렇기 때문에 재판에서 사망시각을 판단하는 데에 어려움이 많았다.

더욱이 주검을 발견할 당시, 욕조의 미지근한 물에 담겨 있었기 때문에 사망 후의 시체 변화가 일반적인 경우와 다를 수가 있었다. 그렇더라도 아침 7시가 쟁점인 시각이고 수사관이 현장에 도착한 시각이 11시 30분 이전이라면, 그 정도 확인할 수 있는 증거는 확보할 수 있었을 터인데, 이를 해결하지 못하였다.

이처럼 어떤 사건에서는 사망시각이 사망원인보다도 더 중요할 수 있다.

상대적 사망시각

사망시각은 절대적인 것뿐 아니라 상대적인 것도 중요하다. 미국에서 일어난 사건이 바로 그런 경우다. (내용을 조금 바꾸었다.) 뉴욕에 사는 어느 부자 변호사가 아내와 두 딸을 데리고 손수 자가용 비행기를 몰고 플로리다로 휴가를 다녀오다가 비행기가 바다에 추락하여 모두 죽었다. 변호사는 평소에 유언장을 만들어 두었는데, 자기가 죽으면 재산의 반은 아내에게, 나머지 반은 두 딸에게 나누어 주되 18살이 되기 전에는 아내가 관리하도록 한다는 내용이었다. 그런데 비행기사고로 식구가 모두 죽었으니 유언장에 따른 재산상속은 할 수 없었고, 법에 따라 죽은 변호사의 가장 가까운 친척이 모두 상속받게 되었다. 그러자 그 변호사의 처제가 이의를 제기하였다. 그 내용은 '만일 변호사인 형부가 먼저 죽고 언니가 조금이라도 늦게 죽었다면, 짧은 기간이기는 하지만 형부의 재산은 모두 (두 딸은 아직 18살이 안 되었고, 또 모두 죽었으므로) 언니에게 상속되어 언니의 재산이 되어야 하고, 그리고 언니마저 죽었으니 당연히 언니에게 하나밖에 없는 동생인 자기에게 상속되어야 한다'는 것이었다.

그래서 변호사와 그 아내의 주검에 대한 부검보고서를 다시 검토하게 되었고(바다에 떨어진 비행기에서 주검들은 각각 다른 곳에서 발견되어 따로 부검하였다), 그 결과 변호사의 사망 원인은 '경추(목뼈) 골절'이고, 그 아내는 갈비뼈가 여럿 부러지고 흉막강(폐를 둘러싸고 있는 얇은 흉막으로 이루어진 공간) 안으로 혈액이 차서 폐운동을 억제하는 혈흉(혈액가슴증)으로 사망하였다. 경추 골절은 즉사할 만한 손상이고, 혈흉은 흉막 강으로 혈액이 고인 다음에 폐운동을 억제하므로 적어도 몇 분이 걸려야 사망하는 것이니, 변호사가 그 아내보다 먼저 사망하였음은 의학적으로 충분한 개연성을 지닌다. (물론 두 사람의 손상은 비행기 추락이라는 사고로 동시에 발생하였음을 전제로 한다.) 따라서 막대한 변호사의 재산은 그 똑똑한 처제에게 상속될 수 있다.

법에서는 이런 경우에 반드시 생물학적인 사망시각만으로 사망의 전후를 판단하지는 않는다고 한다. 위와 같은 경우에 '동시 사망'으로 추정함으로써 불합리하게 상속되는 일이 없도록 할 수 있다고 한다. 어쨌든 어느 사건(또는 다른 사람의 사망)보다 사망시각이 앞서는지 또는 뒤서는지도 때로 중요할 수 있다.

신원확인

시체 검사에서 의사가 해야 하는 일은 (1)주검의 신원확인

(누가), (2)사망시각(언제) 추정, (3)사망장소(어디서) 확인, (4)사망원인(왜) 결정, (5)사망의 종류(어떻게) 결정, 그리고 (6)증거물 확보 등이다. 신원확인이 법의학 영역에서 문제되는 일은 많지 않다. 대개 신원을 알고 있거나, 식구나 친지가 확인하거나 또는 경찰청이 갖고 있는 지문 자료로 해결하기 때문이다. 그런데 친지가 확인하지 못하거나 지문을 채취할 수 없는 정도로 훼손되었을 경우에 주검을 확인하는 일은 상당히 어려워진다. 그런 예를 들어본다.

비행기가 사고 나면 주검이 많이 훼손된다. 심지어 주검을 찾지 못하는 경우도 적지 않다. 이때는 어느 개인의 사망을 확인하는 일이 어려워진다. 물론 비행기 탑승자 명단을 보면 사망자를 확인할 수 있을 것이라고 생각하는 순진한 사람도 있지만, 그 누구라도 주검 또는 주검의 일부라도 보지 않고는 사망을 진단하거나 선고할 수는 없고, 그러면 법은 어느 사람의 죽음을 인정할 수 없다. 법은 이런 경우에 일단 '실종 신고'를 하도록 하고, 끝까지 죽음을 확인할 수 있는 증거가 발견되지 않으면 일정한 기간이 지난 다음에 사망신고를 받는다. 만약 영화나 추리소설에서 보듯 다른 사람 이름으로 탑승하였다면 어떡하나?

이와 같이 대형사고가 생기면 외국에서는 법의학전문가, 법치의학전문가, 법인류학자 등이 동원된 팀이 구성되어 흩어진 주검 또는 주검의 일부가 누구인지를 찾아낸다. 이때 피해자의 치료 경력과 기록, 치과 기록, 신체 특성과 같은 자료가 필요한 것은 물론이다.

1993년 1월의 신문을 보면 '지난해 청주 우암상가 아파트 붕괴사고 사망자 가운데 가족들이 고아무개 씨로 확인해 이미 화장한 시신은 고씨가 아니라 그동안 실종자로 처리됐던 이아무개 군으로 밝혀졌다'는 기사가 있다.

이런 일은 바로 대형사고에서 사망자 처리가 얼마나 주먹구구식이었는지를 잘 보여준다. 조그만 조직이라도 있으면 유전자 감식이라는 방법으로 백만 분의 일이나 천만 분의 일이라는 확률로 개인을 식별할 수 있는 이 시대에 웬일인지 모르겠다. 1993년에 일어난 아시아나 항공기 추락사건과 서해 페리호 침몰 사건 이후에 신원확인에 대한 인식이 높아져, 1995년의 삼풍백화점 붕괴 사건과 그 이후에 발생한 대형참사(2003년에는 대구 지하철 방화사건)에서는 신원확인에 DNA 감식이 적극적으로 사용되었다.

'죽음의 천사'

재미있는 사건으로 요셉 멩겔레의 시체 확인이 있다. 멩겔레는 나치스 독일의 군의관으로 아우슈비츠 수용소에서 인체를 실험한 것으로 알려졌으며, 별명은 'Angel of Death'였다. 제2차세계대전 후에 멩겔레는 종적을 감춰, 이스라엘과 미국을 비롯한 연합국 쪽에서는 전범으로 멩겔레를 찾으려 무척 애썼다. 남미에 숨어있다는 얘기는 있었지만 살아 있는지 또

는 죽었는지도 모르고 있었다(이 소재는 더스틴 호프만이 주연
한 영화 「마라톤 맨」에서 로렌스 올리비에가 맡은 역을 비롯해서
여러 영화의 소재가 되었다). 그런데 1980년대에 멩겔레가 브라
질에서 이미 죽어 매장되었다는 정보가 입수되었고, 그 무덤
을 확인하여 유골을 파서 확인하기 위해 미국, 영국, 독일 그
리고 이스라엘에의 수사관과 전문가가 파견되었다. 이렇게 호
들갑을 떠는 이유는 만약 멩겔레가 정말 죽었다면 더 이상 추
적하지 않아도 될 것이고 따라서 더 이상 인력이나 경제적인
낭비를 하지 않아도 될 것이나, 만약 멩겔레가 살아서 죽은 사
람을 자신인 것처럼 위장하였다면 계속 추적하면서 이것을 실
마리로 그를 검거할 수도 있기 때문이다.

어쨌든 여러 전문가가 모여, 멩겔레의 젊을 때와 군 복무
당시 기록과 죽은 사람이 브라질에서 지냈던 기록을 바탕으로
유골을 검사하였다. 코커시안(백인종)이고, 남자이며, 키가 비
슷하다는 등은 일치하고, 죽은 사람이 브라질에서 받은 치과
치료는 일치하였다. 그러나 진짜 멩겔레가 젊을 때 독일에서
오토바이 사고로 다쳤는데 유골의 다리 뼈에 다친 흔적은
확인하지 못했다. 그렇지만 여러 가지 상황을 고려하여 멩겔
레의 유골일 것으로 많은 전문가들이 결론지었으나 몇 사람은
섣부른 결론에 반대하였다. 그래서 더 확실한 방법으로 그 당
시 막 발표된 유전자 감식방법으로 검사하기로 하고 조사를
마친 일이 있다. 그 뒤에 멩겔레의 자식과 유전자를 비교하여
그 유골이 멩겔레의 것임을 확인하였다. 따라서 '죽음의 천사'

는 사망하였다고 결론지을 수 있었다. 유전자 감식방법은 이제 우리 나라에서도 흔하게 쓰이고 있다.

범죄의 객체-타살시체

1994년에 발생한 이른바 '지존파 사건'은 모든 사람이 경악한 사건이었다. 이 사건에서 '지존파'는 자기들이 죽인 주검을 파묻거나 태워서 증거를 없애려 하였다. 간단한 얘기로 주검이 발견되지 않으면 '살인'은 증명할 수 없다. 그래서 타살사건은 타살시체를 확인하면서 시작된다.

이런 사건이 있었다. 김씨는 홍씨에게 돈을 빌렸다. 어느 날 채무자 김씨는 채권자 홍씨를 만났고, 그 날 이후 홍씨는 집에 돌아오지 않았다. 홍씨의 가족은 실종신고를 하고 만방으로 찾았으나 끝내 홍씨는 나타나지 않았다. 가족들은 경찰에 신고를 하였고, 경찰은 김씨를 수사하였다. 그 날 김씨는 홍씨를 만나 같이 저녁식사를 하고는 헤어져서 자기는 집에 들어왔다는 것이고, 저녁식사를 한 사실은 식당에서 확인되었다. 김씨는 그 외의 어떤 사실도 인정하지 않았다. 수사는 더 진행될 수 없었다. 그런데 여섯 달이 지나 실종된 홍씨와 비슷한 체격의 백골이 발견되었고, 목 부위에는 등산용 로프가 감겨 있었고, 그 로프는 김씨가 몇 달 전에 등산할 때 쓰려고 산 로프와 같은 것이었다. 김씨를 살인죄로 기소한다면, 무엇보다 중요한 것은 그 백골이 실종한 홍씨임을 확인해야 하는 일이다. 다행히 옷이나 장신구 또는 신분증이 있다면 문제가 없으나 그렇지 않다면, 유전학적인 방법으로 확인해야 한다. 이때 주검의 발견, 그리고 주검의 신원확인은 모든 일에 앞서는 중요한 일이다. 이 주검을 범죄의 객체라 한다.

사망 상황의 재구축

흔히 검시의 목적은 사망원인을 알기 위한 것이라고 생각한다. 사망원인(死因)은 주검을 검사하는 일에서 가장 중요한 일이기는 하다. 그러나 모든 변사사건에서 사인만이 목적은 아니다. 앞에서 사망시각과 신원확인이 중요했던 예를 들었다. 요컨대 검시는 단순히 사인을 규명하는 일뿐 아니라, 사망한 상황이 어떠하였는지를 과학적으로 증명하고, 추정하며, 가해자가 있다면 이를 확인할 증거를 찾는 일이다.

사망의 원인과 종류

사망원인(사인)

부검을 마치고 나면 으레 받는 질문이 "왜 죽었습니까?"이다. 그런데 사망원인을 '호흡정지'나 '심장정지'라고 하는 경우가 있는데, 이는 잘못된 것이다. 호흡이나 심장박동이 멈추지 않았다면 죽지 않았을 터인데 멈추었으니 사망한 것이 아니냐는 것이다. 그러나 사망하면 누구나 호흡과 심장박동이 멈추는 것이고 호흡정지나 심장정지는 사망에 따른 증세라 할 수 있다. 즉, "병명이 무어냐?"고 묻는데, 진단명인 '폐렴'이라 하지 않고 "기침과 열"이라고 대답한 것이다. 실제로 '호흡정지'나 '심장정지'와 같은 증세나 증상을 사망원인에 적어 넣는 의사들은 무수히 많다. 물론 그 아래에 진짜 사망원인이라 할 진단명을 적으니까 별 문제는 없지만.

비슷하지만 조금 다른 예가 '실혈사'이다. 예를 들어 칼에 찔리면 대개는 피를 많이 흘려 죽는다. 그런데 칼에 찔려 죽은 사람을 부검하고 나서 "사망원인이 복부 자창(배에 칼이 찔림)입니다"하면, "복부 자창에 의한 실혈사이군요"한다. 이 말이 틀렸다는 것이 아니라 사망원인과 사망기전(mechanism of death)을 혼동하였다는 말이다. 세계보건기구(WHO)의 정의를 따르면 이 경우에 사망원인은 '복부 자창'이고, '실혈'이란 사망기전이다. 즉, 사망기전이란 사망원인이 작용하여 사망에 이르는 과정을 의미하는 것인데, 대부분은 사망원인의 일부로 생각하고 있다. 사망원인이 전제된다면 사망기전을 사망원인으로 혼용하여도 상관없다.

예컨대 폐암에 걸려 사망하는 경우를 보면 폐암 덩어리가 커져 기관지를 막아 숨을 쉴 수 없어 사망한다. 또 폐암 덩어리가 기관지를 완전히는 아니지만 일부를 막아 분비물이 고이고 폐렴에 걸려 사망할 수도 있다. 이때에 사망원인은 '폐암'이고, 기관지를 완전히 막아 생긴 '호흡부전(정확하게는 기도 폐색)'은 사망기전이며, 이 경우에 '폐렴'도 하나의 기전이지만 진단명이 될 수 있는 합병증이므로 '폐암'을 선행사인, '폐렴'을 직접사인으로 쓸 수 있다. 어쨌든 "왜 죽었느냐?(사망원인)"는 질문의 답은 '폐암'이다. 사망원인이 중요했던 잘 알려진 사건 하나를 예로 들어 본다.

"탕!" 하니 "억!"

1987년 1월 14일, 이른바 "탕!"하고 책상을 치니까 "억!"하고 쓰러졌다는 박종철 군 고문치사 사건이 생겼다. 이 사건 부검의사는 당시 국립과학수사연구소 법의1과장인 황적준 박사였다. '탕!, 억!'은 너무 말이 되지 않는 사망 상황이어서 금방 웃음거리가 되고 말았지만, 만약 박군의 사망원인이 '폐결핵'이고, 사망기전은 폐결핵 병소에서 비롯한 '폐출혈이 기관지를 막은 질식'이라고 했다면 우리 나라 현대사는 어떻게 변했을까? 아마 조금은 달랐을 것이다. 그렇다면 그런 부검 결과에 근거가 있는가? 근거가 없다면 '폐결핵'은 '탕! 억!'과 마찬가지로 웃음거리가 된다. 그런데 근거가 있다. 부검결과에는 '폐출혈'이 있었다. 이 '폐출혈'의 원인은—아마 박군 자신도 모르고 있던—폐결핵이었다. 박군의 오른쪽 폐에는 활동성 폐결핵이 있었고, (아마도 고문 도중에 급격한 호흡 때문에) 결핵이 있던 자리에서 출혈하기 시작하여 적어도 몇 번은 속으로 혈액을 흡입하였던 것이다. 그렇지만 부검의사는 목 근육에 있던 출혈을 더 중요하게 여겼고, 폐결핵 병소에서 나온 출혈을 부수적인 것으로 판단하였다.

그럴 리는 없겠지만 만일 부검의사가 목에 있던 흔적을 못 보았거나, 대수롭지 않은 것으로 여겼더라면 박군의 사망원인은 '폐결핵'이 되고, 사망의 종류는 '병사'이므로 실제 부검에서 밝혀진 것처럼 물고문 도중에 목을 압박하여 사망한 것과는 큰 차이가 있게 된다.

법의부검이라 해서 외상과 관련된 주검만을 대상으로 하는 것이 아니다. 실제로 외국의 자료를 보면 법의부검의 대상 가운데 사망원인이 질병인, 즉 병사인 예가 전체의 2/3에 해당한다. 병으로 죽었으나 너무 갑자기, 미처 알지 못한 채, 이상한 상황에서 사망하였을 때에 이를 확인하기 위하여 부검하는 경우가 손상과 관련된 부검보다 더 많다. 미심쩍은데도 그냥 덮어두면 나중에 부검을 하여도 확인하기 어렵다. 주검은 시간이 지날수록 변하기 때문이다.

1975년 8월에 사망한 장준하 선생은 사망 당시에 부검을 하지 않아 자살인지, 타살인지의 진위에 의혹을 남긴 사건으로, 후에 대통령소속의문사진상규명위원회에서도 샅샅이 조사하였으나 끝내 밝히지 못하였다. 올리버 스톤 감독의 「JFK」는 부검을 하였으되 제대로 하지 않은 탓에 의혹을 부추긴 케네디 미국 대통령 암살 사건을 다룬 영화이다. 부검을 한다고 모든 것을 다 알아낼 수는 없다. 그러나 적어도 사람이 죽었다면 왜 그리고 어떻게 죽었는지를 알아내도록 노력은 해야 하지 않을까?

사망의 종류

흔히 사망원인을 의학적 사인이라 한다면, 사망의 종류는 법적 사인이라 한다. 쉽게 말하자면 '어떻게 죽었는가?'에 해당하는 것이다. 사망원인에는 엄청나게 많은 질병과 손상, 그리고 손상의 상황이 있지만 사망의 종류는 크게 둘로 나눈다. 病死(병으로 사망한 것)와 外因死(외부 원인으로 사망한 것)로 나누는데 병사는 법률에서 '자연사'로 일컫는다. 병 때문에 죽으면 자연스럽게 죽는 것이므로, 나이 들어 병으로 돌아가신 할아버지나 백혈병으로 죽은 어린이도 모두 자연사로 분류한다. 그런데 법적 사인이라 할 사망의 종류를 최종적으로 결정하는 곳은 법원이므로 의학은 다만 그 자료를 제공할 따름이다. 검시의사에게 수사권이 있는 미국에서는 사망의 종류를 검시의사가 결정하기도 한다.

외인사에는 자살·타살·사고사가 있는데, 외인사이긴 하지만 이 셋을 구별할 수 없거나, 병사인지 외인사인지조차 알 수 없으면 불상(알 수 없음)이 된다. 예컨대 사망원인은 물에 빠져 죽은 '익사'라도 스스로 목숨을 끊으려고 물에 뛰어들었으면 자살, 남이 빠뜨려 죽였으면 타살, 술 마시고 헛디뎌 물에 빠져 죽었으면 사고사이다. 익사인지는 알겠으나 어떻게 물에 빠졌는지 알 수 없으면 불상(不詳)이다.

자살(suicide)은 스스로 죽을 뜻을 가지고, 스스로의 행동으로 죽은 것이다. 비록 죽을 뜻은 있었지만 스스로 죽지 못하고 다른 사람의 도움으로 죽었다면, 적어도 도와준 사람은 자살 관여죄에 해당할 것이다. 미국에서는 케보키언이라는 의사가 자살 기구를 만들어서 죽고자 하는 사람에게 이 기구의 사용법을 가르쳐주고 기구를 빌려준 일이 있었다. 우리 나라에서는 당연히 위법하다.

현실적으로 변사체가 자살에 의한 것인지의 여부를 가리는 일은 그렇게 쉽지 않다. 결론부터 말하자면 '자살의 확증은 없다'. 즉, 어떤 타살도 자살처럼 보이게 할 수 있기 때문이다. 거꾸로 타살의 확증은 있다. 예컨대 등에 치명상인 자창(찔린 상처)이 여럿 있다면 이는 분명히 타살인 것이다. 상황을 잘 살피고 타살이나 사고사가 아니라면 자살로 판단할 수 있다. 참고로 자살 현장에서 유언장은 사건의 약 20% 내지 25% 정도 발견된다.

타살(homicide)은 다른 사람의 행위로 죽은 것인데, 행위를 한 사람이 죽일 의사가 있었는지는 상관없다. 행위자가 죽일 뜻을 가지고 있었으면 살인(murder)이고, 죽일 뜻이 없었다면 '치사'에 해당한다. 물론 형 집행이나 전쟁행위 그리고 정당방위와 같은 '정당화되는 타살'도 있다.

사고사(accidental death)는 사람의 의사가 전혀 개입되지 않은 우연한 죽음인데, 자연재해와 재해성 사고가 있고, 자연재해는 홍수, 해일, 낙뢰 따위로 사망한 것을 의미하며, 재해성 사고에는 산업재해, 노동재해, 운동경기사고, 교통사고, 의료사고, 약해 그리고 자기 실수 따위가 있다.

어려운 사망의 종류

어려운 것은 병과 외인이 경합할 때이다. 요컨대 보통사람이라면 사망하지 않았을 외인이 작용하였는데, 그 사람이 앓고 있던 지병이 함께 작용하여 사망한 경우이다. 사람이 병으로 죽더라도 대개는 마지막 순간에 유발요인이 따로 작용한다. 이런 유발요인이 스스로 한 것이거나 자신에게서 기인한 것이면 사망의 종류의 결정에 아무런 영향을 미치지 않는다. 또 유발요인이 병의 상태에 비하여 너무 미미하여도 역시 문제되지 않는다.

그러나 병 가운데 허혈성 심장질환(예 : 심근경색증, 협심증)과 같은 병은 자주 문제를 일으킨다. 심장은 항상 움직여야 하므로 끊임없이 혈액 공급을 필요로 한다. 그런데 관상동맥이 동맥경화증으로 좁아지거나 막히면 혈액 공급이 부족한 상태가 된다. 평상 활동을 하기에는 그나마 공급되는 혈액으로 견디었으나(아무런 증세가 없었으나), 갑자기 흥분하거나 운동을 하면 심장운동이 많아지고 따라서 더 많은 혈액이 필요해진다. 그런데 이미 좁아진 관상동맥은 늘어난 혈액 수요를 따르지 못하니까 심장근육은 상대적으로 혈액이 부족한 상황을 겪는다. 이런 상태가 일시적이면 협심증이고 심장근육조직이 죽을 정도이면 심근경색이다.

이 증상이 생기는 과정에 심장은 부정맥(심장박동이 고르지 못한 상태)을 경험하고 때로는 그 부정맥 때문에 심장이 멎거나 전신에 (특히 뇌에) 원활한 혈액순환을 해내지 못하므로 사람이 급사할 수 있다.

조금 길어졌지만 이런 관상동맥경화증을 지닌 사람은 일견 정상적인 활동을 한다. 그러나 조그만 요인으로도 급사할 수 있다. 예컨대 텔레비전에서 권투경기를 보다가 흥분하거나, 화장실에서 힘쓰다가, 종교 행사에서 흥분하여, 또는 너무 기뻐서 심장운동이 격렬해져도 발작을 일으켜 사망할 수 있다. 이런 유발요인은 자신이 원인이거나 처벌할 수 없는 것들이다. 그러나 같은 유발요인이라도 다른 사람이 폭행했거나 불법행위를 한 거라면 결과는 달라진다. 미국에서는 노상강도를 당하고 (신체적 접촉은 없었음) 집에 돌아와 두 시간 만에 심장발작으로 사망한 노인을 타살로 진단하거나, 체포를 거부하고 도주하는 용의자를 쫓다가 심장발작으로 사망한 경찰을 타살로 결정한 예도 있다.

중풍인데 타살이라니!

비슷한 병으로는 고혈압성 또는 동맥경화성 뇌출혈(이른바 중풍)도 있다. 어느 초봄 새벽에 한강 둔치에 있는 간이화장실에서 이상한 소리가 난다는 낚시꾼들의 신고로 경찰이 출동하였다. 그리고 간이화장실 안에서 할머니를 성폭행하려던 30대 남자를 체포하였다. 할머니는 이미 의식을 잃은 상태였고, 급히 병원으로 옮겼으나 일주일 만에 사망하였다. 사망원인은 '고혈압으로 생긴 뇌출혈'이었다. 평소 할머니는 혈압이 높았던 것으로 알려졌고, 출혈이 생긴 뇌 부위도 고혈압성 뇌출혈이 잘 생기는 부위여서 외상으로 출혈하기는 어려운 부위였으며, 외상은 피부에 멍이나 찰과상 정도로 경미하였기 때문에 의사의 사망원인 진단은 적절한 것이었다. 당연히 사망진단서에 사망의 종류를 '병사'로 기재하였다.

부검을 한 필자도 담당의사와 사망원인에 대한 의견이 같았지만 사망의 종류는 '타살'로 하였다. 비록 고혈압이 있지만 할머니는 새벽 산책을 나갈 정도로는 건강하였고, 고혈압성 뇌출혈은 폭행으로 유발되었을 개연성이 높으며(폭행 때문에 혈압이 더 높아졌고, 더 높아진 혈압 때문에 뇌혈관 가운데 가장 터지기 쉬운 부위가 터졌음을 의학적으로 인정할 수 있다), 유발요인을 불법행위로 판단하였기 때문이다.

비슷한 상황으로는 세입자와 멱살잡이를 하다가 갑자기 쓰러진 관상동맥경화증 할아버지, 배 부위를 한 대 맞고 피를 토하고 사망한 식도정맥류(간경화증의 합병증으로 생긴) 환자, 뺨한 대 맞고 숨진 만성 알코올 중독자 등이 있다.

법의 유전학

　요즘 사건·사고와 관련하여 많이 쓰이는 유전자 검사 또는 DNA 검사는 특정 개인, 특히 범인을 찾아야 할 때 흔히 쓰인다. 그렇다고 해서 모두 유전자를 검사하는 것은 아니고, 사람마다 다를 수 있는 유전자만 골라서 검사한다.

　한편 유전자는 DNA라는 구조로 결정된 정보이다. 다시 말해 컴퓨터의 파일이 디스켓에 실려 있다는 것에 비유하면, 유전자는 파일이고 디스켓은 DNA라고 볼 수 있다.

범인 잡기

　가정집에 들어가 가정주부를 위협하여 돈을 빼앗은 다음에 강간을 하고 도망친 가정파괴범이 잡혔다. 피해자의 말에 따르면 용의자는 강간 후에 증거를 남기지 않으려고 강제로 질 내부를 씻게 하였고, 그 날 저녁에 강간을 당한 부인은 모든 사실을 남편에게 얘기하였는데 다행히도 남편은 모든 걸 이해하고, 이해하였다는 증표(?)로 부부관계를 가졌다는 것이었다. 경찰에 신고하여 용의자가 잡힌 것은 사건이 발생한 지 3일째였고, 용의자는 강간뿐 아니라 그 집에 들어간 적도 없다고 완강히 부인하였다.

이 사건에서 해결점은 유전자를 검사하는 것이다. 용의자는 그 집에서 담배를 피웠는데, 담배꽁초 두 개를 남겼다. 담배꽁초에는 담배를 피운 사람의 침이 말라붙어 있고, 그 안에는 아주 적은 수이지만 세포가 들어 있다. 그래서 담배꽁초 필터 부분에서 우선 세포를 분리하고, 세포 안에 있는 세포핵에서 DNA를 추출한다. 담배꽁초에 묻어있던 세포의 수가 워낙 적으니 추출한 DNA의 양도 검사하기에는 너무 적다. 따라서 추출한 DNA 가운데 검사할 부분을 증폭한다. 이를 PCR 기법이라 한다. 증폭한 DNA를 가지고 개인을 식별한다. 이때 꼭 있어야 하는 것이 용의자의 DNA(용의자의 혈액을 채취해서 검사한다)인데 담배꽁초에서 나온 DNA와 용의자 혈액의 DNA가 일치하면, 담배꽁초를 물었던 사람은 용의자이고, 담배꽁초가 피해자의 집에서 발견된 것이라면 용의자는 피해자의 집에 있었던 것이 증명된다.

이때 담배꽁초와 용의자 혈액에서 각각 검출한 DNA가 실제는 다른 사람의 것인데 우연히 같을 수도 있다. 예컨대 담배 꽁초에서 A형 혈액이 검출된다면, 용의자의 혈액형도 A형일 확률이 20% 정도이다. 그러나 DNA검사(유전자검사)에서는 우연히 일치할 확률은 대개 천만 분의 일 정도이므로 대단히 정확하다. 그래서 이를 DNA 지문이라고 부르기도 한다.

한편 이 사건에서 강간 부분은 이렇게 증명하였다. 산부인과 의사의 도움으로 피해자의 질 안에 있는 내용물을 채취하였다(사흘이 지났고, 용의자는 강간 후에 피해자에게 씻도록 하였고, 또 피해자는 남편과 관계했기 때문에 매우 어려운 작업이었다). 질 내용물에서 DNA 검사를 하였고, 동시에 피해자 자신과 피해자 남편은 물론 용의자의 혈액도 검사하였다. 검사 결과 질 내용물에는 피해자의 DNA는 물론 남편의 DNA, 그리고 용의자의 DNA를 모두 확인할 수 있었다. 재판에서 강도와 강간이 모두 인정되었다.

DNA 감정의 원칙

모든 생물은 자신이 가진 유전형질을 후손에게 물려주는데, 그 구조가 DNA이다. DNA는 염기라 부르는 일정한 단위가 일렬로 늘어선 기다란 줄 모양이 두 줄로 되어 있고, 염기가 서로 연결되어 꽈배기처럼 사다리 모양으로 꼬여 있다. 사람의 염색체는 염기 약 30억 개가 늘어선 DNA 한 쌍을 가지고 있다. 그런데 염기 종류는 4가지뿐이다. 따라서 수학적으로 가능한 염기서열은 모두 4의 30억 제곱이다. 이 가운데 실제로 유전형질을 가진 유전자는 극히 일부이고, 나머지의 25% 가량은 특정한 염기 서열이 반복되는 구조를 갖는다. 이 부분은 실제로 특별히 드러나는 유전형질을 가지고 있지는 않지만, 그동안 인류가 진화하면서 여러 부위에서 돌연변이가 생겼다. 그리하여 사람마다 구조가 조금씩 다르다. 이처럼 사람마다 다른 구조를 갖는 유전자 부위(遺傳座)를 보통은 10곳 이내, 많게는 30곳 정도를 검사하는 것이 DNA 검사이다. 검사 결과로 증거물에서 나온 유전정보가 용의자와 같다면, 증거물로써 용의자를 범인으로 지적할 수 있다.

DNA는 세포핵 안에 있는 염색체에 들어 있는데 사람의 염색체는 모두 23쌍으로 46개가 있다. 그런데 이 유전자는 사람마다 다르다. 예외는 일란성 쌍둥이뿐이다.

전통적으로 유전형질을 검사하는 방법이 혈청학적인 방법이었기에 이런 분야의 법의학을 법의혈청학이라고 불렸고, 지금은 법의유전학(Forensic Genetics)이라고도 부른다. 이 학문의 기본 원리는 아주 간단하다. '자식의 유전자는 쌍으로 가진 부모의 유전자에서 각각 하나씩을 물려받아 쌍을 이룬다.' 즉, 부모의 유전자 가운데 한 유전자가 각각 ab와 cd이면, 자식의 유전자는 ac, ad, bc, bd 가운데 하나일 수밖에 없다는 것이다.

이것으로 친자감정을 할 수 있다. 이해하기 쉽게 ABO혈액형을 예로 든다. 이 혈액형을 결정하는 유전자는 (더 있지만 단순하게 설명하자면) A와 B, 두 가지뿐이다. A나 B를 모두 갖지 않으면 O이다. 사람 유전자는 쌍이므로 이 유전자를 가질 수 있는 조합은 AA, AO, BB, BO, AB, OO의 6가지뿐이고, 이들은 각각 혈액형(표현형)으로 A, A, B, B, AB, O형이 되어 4가지이다.

유전자형이 AB인 사람은 자식에게 A유전자나 B유전자 가운데 하나만 유전하게 되고, 유전자형이 BB인 사람은 B유전자만 자식에게 줄 수 있다. 그렇다면 유전자형이 AB인 사람과 BB인 사람이 결혼해서 자식을 가지면 태어난 자식들이 가질 수 있는 유전자형은 AB와 BB형밖에 없다. 그런데 만일 혈액형이 A형인 사람(유전형으로는 AA형이나 AO형)이 자식이라고 나타나면 '자식이 아니다'라고 할 수 있다.

또 AO형과 BO형이 결합하면 AB형, AO형, BO형, OO형이 나올 수 있고, 표현형으로는 AB, A, B, O 모두 나올 수 있어 ABO식 혈액형만으로는 친자감정이 불가능하고, OO형과 OO형이 결합하면 OO형, 즉 O형만 나올 수 있어, 다른 혈액형이 나오면 친자가 아니라 할 수 있다. (실제로는 단순한 혈액형만으로 친자 여부를 함부로 추정하지 않는다. 위에 예로 든 것은 이해를 돕기 위해 단순화한 것이다. 더욱이 우리 나라 사람 10% 이상이 초등학교나 군대에서 검사한 자신의 혈액형을 잘못 알고 있다고 한다.)

여기에서 문제가 생길 수 있다. 위에서 든 예처럼 BB형과 OO형이 결합하면 유전자형으로는 BO형, 혈액형(표현형)으로는 B형만 출생한다고 하였으므로, 만일 O형이나 A형 또는 AB형이 자식이라고 주장하면 단호하게 '자식이 아니다'고 할 수 있다. 그런데 B형인 사람이 자식이라고 주장하면 '자식이다'라고 단호하게 말할 수 있는가? 그렇지 않다. 친자식일 수도 있지만 친자식이 아닐 수도 있다. 즉, 우연히 B형일 수도 있는 것이다. 그래서 친자감정은 원칙적으로 '친자(부모자식) 관계가 아니다'와 '친자 관계가 아니라고 할 수 없다'의 두 가지 답만 있고, '친자이다'라는 답은 없다. 왜냐하면 과학에서는 우연히 같은 유전자를 가질 수 있는 확률이 0일 수 없기 때문이다.

DNA 검사 결과

실제로 ABO혈액형만으로 친자감정을 하면 부성배제확률 (어머니는 그 자식의 친모임을 전제로 아버지가 친부가 아닐 확률. 대체로 100%에서 이 확률을 빼면 실제로 친부가 아닌데 우연히 친부와 같은 유전자를 가질 확률이 된다)이 60% 정도이어서 동전 던지기와 비슷하다. 그러나 다른 혈액형들을 함께 검사하면 약 80%로 높아지고, HLA(인체조직적합성 항원)를 검사하면 95% 정도이다. 한편 DNA를 검사하면 확률은 훨씬 높아지는데, 몇 가지 DNA를 검사하느냐에 따라 확률이 달라지지만 대개 99.999% 이상이다. 현재 가능한 방법을 모두 사용하면 실제로 친아버지가 아닌데도 우연히 친아버지가 아니라고 배

제할 수 있는 확률은 몇 십억 분의 일이 되어 전세계 인구보다 많다. 현실적으로 이렇게 높은 확률이 필요없다.

이와 같은 유전형질을 검사하여 친자감정이나 개인식별을 하고 있는데, 이전에 시행하고 있던 혈청학적 검사는 검사를 해야 하는 재료(시료 : 검사에 쓸 혈액, 침, 질 내용물 따위)의 양이 많아야 하고, 또 오래되면 변질되어 검사할 수 없었으나, 유전자 검사는 시료가 적거나, 오래된 것이라도 쓸 수 있어 더욱 유용하다.

앞에서 든 친자감정 예나 요셉 멩겔레의 경우처럼 친자관계를 확인해야 할 부모가 사망하였다면, 확인해야 할 당사자의 혈액이 없어 더 어려워진다. 이 경우에는 살아 있는 혈연자들의 유전자로 당해자의 유전형질을 추정하거나 또는 당사자가 살아 있을 때 남긴 조직검사 자료를 사용하거나, 주검에서 조직을 채취하여 유전형질을 밝혀야 한다.

미토콘드리아 DNA

위에서 설명한 DNA는 모두 세포핵 안에 있는 핵 DNA이다. 이 핵 DNA 말고도 세포질 안에 있는 미세구조인 미토콘드리아는 핵 DNA와 다른 DNA를 가지고 있는데, 핵 DNA보다 그 수가 2,000배 정도 많고, 부패에 견디는 확률이 높아 세포핵이 아주 적거나 없는 유골에서도 검사할 수 있는 장점이 있다. 그러나 이 미토콘드리아 DNA는 오직 어머니한테서만 자식으로 유전되는 단점이 있다.

1989년에 유골 9구가 러시아 에카테린부르그 시 근처 작은 마을에서 발굴되었다. 이 유골들은 러시아의 마지막 황제인 니콜라스 2세와 그 가족 그리고 시종의 유골이라고 밝혀졌다. 여러 가지 검사 중 가장 핵심적인 검사는 DNA 검사였다. 유골에서 핵 DNA를 검출하여 유골 가운데 5구가 부모와 자식인 가족이라는 사실을 밝혔고, 다시 미토콘드리아 DNA로 니콜라스 2세의 유골인지를 알기 위하여 니콜라스 2세와 모계가 같은 유럽 왕실의 왕족들을 검사하였고, 알렉산드르 왕후와 왕자, 공주를 확인하기 위하여 왕후와 모계가 같은 유럽 왕족들을 검사하였다. 결국 시체 5구는 니콜라스 2세, 알렉산드르 왕후, 공주들임이 확인되었고, 나머지 4구는 최후까지 왕족을 따르던 시의(侍醫)와 시종(侍從)들이었음이 밝혀졌다. 그리하여 이제까지 자기가 로마노프가의 마지막 왕녀인 아나스타샤 공주로 구사일생으로 살아난 사람이라고 주장하던 몇몇 여자들의 주장을 깨끗이 씻어 버렸다.

법의 독물학

법의독물학은 재판화학(裁判化學)이나 중독학(中毒學)이라 고도 하는데, 화학분석 기술과 방법이 발달하면서 엄청나게 발전하였다. 그 발전 상황은 얼마나 많은 종류의 물질을 얼마나 적은 양으로 검출할 수 있는가로 표현할 수 있는데, 요즈음에는 물질의 종류에 따라 다르지만 보통 ng/㎖까지는 어렵지 않게 측정할 수 있다. ng(nanogram)이란 1그램의 10억 분의 일이니 1ng/㎖은 0.001ppm이고, 이는 어떤 물질 1그램이 물 1,000톤에 녹아 있는 농도이다.

법의학의 대상 농도는 대개 치사량이거나 적어도 중독량이므로 현재 수준에서 의심나는 물질이 있으면 거의 다 검출해 낼 수 있다. 다만 물질이 변하는 경우나 한참 시간이 지난 다음에 약물 사용 여부를 따지게 되면 중독량보다 훨씬 낮은 농도에서도 검출할 수 있어야 하므로 기술과 방법 개발에 노력하고 있다. 더 어려운 문제는 어떤 물질이 쓰였는지를 알아내는 일이다. 중독을 일으키거나 죽게 하는 물질은 이 세상에 너무 많기 때문이다. 즉, 법의독물학에서는 정성검사(定性檢査, 어떤 물질이 있는지 여부 검사)가 정량검사(定量檢査, 어떤 물질이 얼마나 있는지 검사)보다 더 중요하다. 그런데 불행하게도 이 세상에 많은 물질을 한 번에 다 알아내는 기술이나 방법은 없다. 그래서 검사에는 몇 단계를 거친다. 더 자세한 것은 생략하고 법의학에서 가장 흔히 문제를 일으키는 물질 몇 가지에 대해 설명한다.

음주운전(주취운전)

정량검사의 대표적인 사례는 음주운전이다. 요즘 사회적으로 큰 지탄을 받고 있는 음주운전이란 법적으로 술 마시고 하는 운전 모두를 일컫는 것이 아니라 혈중 알코올 농도가 0.05% 이상인 상태에서 운전하는 것(주취운전)을 말한다. 이는 혈액 100㎖, 즉 1㎗에 알코올이 0.05gm 들어 있는 농도로 소주 2-3잔을 마셨을 때 최고로 이를 수 있는 농도이다. 이 기준은 혈중 알코올 농도 0.05% 이상에서 사고가 빈발하고 0.10% 이상이면 사고 발생률이 15배 가량 증가한다는 연구 결과에 따라 결정하였다. 나라에 따라서는 0.08% 또는 0.1%를 주취

운전의 기준으로 삼는 나라도 있다.

음주운전에서 대상 물질은 에탄올인데, 날숨(내쉬는 숨)으로 알코올 농도를 측정한다(에탄올은 알코올의 한 종류이지만 일반적으로 알코올이라고 하면 에탄올을 의미한다). 휴대용 알코올 측정기의 생명은 에탄올을 정확하게 측정하는지와 정확하게 측정한다고 하더라도 날숨의 에탄올 농도가 혈액의 에탄올 농도를 정확하게 반영하는지에 달려 있다. 그런데 우리 나라에서는 마치 이것이 더없이 정확한 방법인 것으로 인정하고 모든 법 적용의 증거로 쓰고 있다. 휴대용이란 아무래도 정확도를 구성하는 민감성과 특이성, 재현성을 담보하기 어렵다.

또 하나는 날숨의 알코올 농도가 혈중 알코올 농도를 그대로 반영하는지 여부이다. 이론적으로는 그렇다. 에탄올은 물이 있는 곳에서는 그대로 확산하므로 날숨에 들어 있는 수증기의 양만큼 확산한다. 그러므로 허파로 들이쉰 공기는 허파꽈리(폐포 : 혈액과 공기 사이에서 가스 교환이 일어나는 곳)에서 수증기 양에 비례하는 만큼의 에탄올을 확산받는다. 그 허파꽈리의 공기는 혈액과 비교하여 약 2,000분의 1만큼 수증기를 가지고 있으므로 그만큼의 에탄올을 함유하게 된다. 따라서 이 공기를 채취하여 측정하면 혈액의 에탄올 농도를 비교적 정확하게 측정할 수 있다. 그러나 허파꽈리까지 들어가지 않은 공기에는 훨씬 적은 수증기를 함유하므로 적은 알코올 농도를 표시할 수밖에 없다. 그러니까 음주운전에 대한 적정한 법 적용이 이루어지려면, 일단 음주운전 용의자를 신경학적으로 검사하거나 휴대용 측정기로 검사하여 의심이 가면 더 정확한 검사(예컨대 가스크로마토그라피)를 해야 한다. 이 검사기는 휴대용이 아니므로 검사실에 있어야 하는데, 용의자를 데려올 필요는 없고 혈액을 채취하여 보내면 된다. 현재 더 이상 정확한 검사는 없으므로 이 검사에서 나온 결과는 인정해야 한다. 혈액 채취를 거부하는 것은 용의자의 권리이지만 음주운전 여부를 판단하는 데 불리한 증거로 쓸 수 있다.

부패로 생긴 알코올

주검(시체)이 부패하면 술을 마시지 않았더라도 알코올이 검출된다. 1989년에 어느 저수지에서 경찰이 쫓던 대학생이 부패한 시체로 발견되었다. 당연히 "권력이 고문하다가 죽으니까 저수지에 갖다 버렸다"는 주장과 "아니다"라는 주장이 있었다. 부검 결과 사망원인은 '익사'였는데, 다툼은 "익사가 아니다"와 "익사다"로 번졌다. 즉, 사망원인을 가지고 다퉜다. 직접 관여하지 않아서 정확한 것은 모르겠으나, 내 개인적인 의견으로 사망원인은 '익사'였다. 그러나 더 중요한 것은 '사망의 종류'였다. 수사 결과는 '혈액에서 알코올이 검출된 점과 기타 등등을 고려할 때, 변사자는 술을 마시고 저수지 근처에서 발을 헛디뎌 익사하였다'는 것이었다. 이 결과에서 전제가된 '혈액에서 검출된 알코올'은 주검이 부패하면서 생긴 알코올일 가능성이 매우 높다. 그렇다면 변사자가 술을 마시고 사고로 익사하였다는 수사 결론에서 '술을 마시고'라는 전제 부분도 인정하기 어려워진다. 부패한 주검에서 검출된 알코올은 달리 생각해야 한다.

도핑콘트롤

여러 면에서 법의독물학과는 다르지만 접근하는 방법이 비슷한 예로 올림픽경기에서 하는 도핑콘트롤이 있다. 이는 정성검사의 대표적 예이다. 원래 '도핑'은 부정한 약물 사용을 의미한다. 정성검사에서는 예비검사(screening test)가 중요하다. 예비검사는 정확하지는 않으나 우선 이상한 물질이 있으면 반응을 보이고, 될 수 있는 대로 많은 물질이 반응하며, 비교적 간단한 방법이다. 여기에서 무언가 걸리면 더 정밀한 검사 방법으로 넘어가는 것이다.

88올림픽 때 남자 100미터 경기에서 우승한 벤 존슨은 세계기록과 금메달을 빼앗겼다. 경기가 끝난 선수한테는 그 선수가 소변을 볼 때까지 요원이 따라 다닌다. 선수는 소변을 두 통에 나누어 받고, 자기 것이라고 사인한다. 그러면 이 요원은 소변을 즉시 도핑콘트롤센터로 가져가고 두 통 가운데 하나로 검사가 시작된다. 올림픽 경기가 끝난 뒤에 검사 결과가 나오면 소용없다. 따라서 밤을 새워가며 많은 선수들의 소변을 검사한다. 올림픽위원회가 금지한 약물은 200가지도 넘는다. 이 모두를 재빨리 그리고 정확하게 검출해야 하므로 약물의 성질에 따라 네다섯 가지로 분류하여 예비검사를 한다. 예비검사에서 무언가 걸리면 정밀한 확인검사와 남겨둔 소변 한 통으로 다시 검사하고, 그 결과를 올림픽 의무위원회에서 인정하면 메달을 뺐고, 기록을 취소한다. 그래서 벤 존슨은 명예와 부를 한꺼번에 잃고 부랴부랴 김포공항을 빠져나갔다.

마약류

법의독물학의 대상 물질에는 사람을 죽게 하는 독극물은 물론이고, 사고를 많이 내는 술 그리고 남용약물이 있다. 약물남용(drug abuse)이란 단순히 약물을 함부로 쓰는 것이 아니라 약물을 사용하여 감정이나 정서에 영향을 주려는 것(향정신성)을 의미한다. 이처럼 감정이나 정서에 영향을 주는 것은 약물뿐 아니라 본드나 부탄가스도 사용하므로 이들을 통틀어 물질남용(substance abuse)이라고도 한다. 일반인들은 흔히 이와 같은 남용물질을 모두 마약이라고 한다. 그러니까 마약이란 말은 그다지 과학적으로 정의되지 않은 용어이다.

남용하는 물질은 그 물질이 인체에 미치는 영향에 따라 몇 가지로 나눈다. (1)아편류(마약성 진통제) : 아편, 모르핀, 데메롤, 날부핀, 탈윈 등, (2)중추신경계 억제제(수면제, 진정제) : 바르비탈염 등, (3)중추신경계 흥분제(각성제) : 코카인, 히로뽕 등, (4)환각제 : LSD, 대마초 등, 그리고 (5)기타 약물로 나누는데 이 분류 가운데 어디에 속한다고 해서 그것에 해당하는 효

53

과만 있는 것이 아니라 다른 효과도 있다. 다만 주요 작용에 따라 나누는 것이어서, 예컨대 코카인은 흥분제에 속하지만 진통효과도 있고 또 환각작용도 있다. 특히 쓰는 사람에 따라 나타나는 효과가 다르다고 할 수 있다.

손상

　의학에서 상처에 대하여 가장 관심을 갖는 분야는 법의학이다. 물론 법의학에서 관심을 갖는 것은 상처의 치료가 아니라 상처가 생긴 원인, 상처가 생긴 과정, 상처가 전신에 미친 영향, 그리고 그 결과이다. 법의학에서는 '상처를 남긴 다침'을 손상(損傷, injury)이라 한다.

　손상은 의학적인 개념으로 '후천적인 외상이나 질병으로 정상적인 조직 연결이 기능적 또는 형태적으로 단절된 것'이다. 이에 따르면 위궤양 천공, 동맥경화증으로 생긴 뇌출혈도 손상에 포함된다.

　그러나 일반적으로 손상은 '물리적이거나 화학적 작용으로 인체에 형태 변화나 기능장애를 초래한 것'을 의미하며,

좁게는 외부로부터 작용한 힘으로 생긴 외상(外傷, trauma)을 뜻한다.

외상과 유사한 말로 창상(創傷, wound)이 있다. 창상은 신체 일부에 생긴 상처, 즉 신체의 조직이나 장기의 정상적인 연속성이 외상으로 파괴된 상태, 즉 상처이다.

법률에서 쓰는 용어인 상해(傷害)는 '손상을 입힘' 또는 '상처를 줌'이라는 의미가 강하다. 따라서 손상만으로 상해죄의 성립 요건이 충족되지는 않으나, 손상의 유무는 상해사건의 증거로 매우 중요하다.

다치면 왜 죽는가?

다치면 죽을 수 있다. 그러나 다쳤다고 해서 모두 죽는 것은 아니다. 영화에서는 주인공의 날쌘 움직임이 스치기만 하여도 엑스트라들이 자빠지지만 현실은 그렇지 않다. 다쳐서 사망하려면, (1)출혈이 많거나, (2)출혈이 적더라도 주요 장기를 압박하거나, (3)주요 장기를 직접 다치거나, 또는 (4)감염이 있어야 한다.

다쳐서 죽는 원인 가운데 가장 이해하기 쉽고, 가장 많은 원인은 출혈(失血)이다. 사람이 생명을 유지하기 위해서는 우선 여러 조직과 세포에 산소를 공급하고 노폐물을 배출해야 하는데, 그 역할을 맡은 것이 혈액이다. 혈액이 모자라면 생명 활동을 유지할 수 없음은 당연하다. 그러나 다른 기능과 마찬가지로 혈액의 양에도 여유가 있다. 생명을 유지하는 데 필요한 최소한의 혈액이 있는 한 사망하지는 않는다.

일반적으로 전체 혈액의 10% 정도(약 500㎖)는 쉽게 회복한다. 그러므로 헌혈하는 양인 300~400㎖ 정도는 인체에 거의 영향을 미치지 않는다. 그러나 15~20%를 잃으면 증상이 나타나기 시작하고, 달리 치료를 받지 않으면 쇼크를 일으켜 사망할 수 있다.

거꾸로 말해서 출혈 양이 그만큼 될 때까지는 살아남는다. 대동맥이나 목동맥처럼 압력이 높은 큰 동맥에서 출혈하기 시작하면, 수분 이내에 사망하지만, 혈압이 낮은 정맥이나 아주 작은 동맥은 치사량에 이를 정도로 출혈하려면 수 시간이 걸린다.

뇌, 폐, 심장은 생명 유지에 없어서는 안 되는 기본 장기이다. 그런데 이 장기들은 모두 무언가에 싸여 있다. 뇌는 머리뼈에, 폐는 흉막(胸膜), 심장은 심낭(心囊)에 싸여 있다. 특히 뇌는 단단한 머리뼈에 싸여 있어서 여유가 없다. 적은 양이라도 머리 속으로 출혈하면 머리뼈가 늘어나지 않으므로 그만큼 뇌는 압박을 받게 된다. 출혈에 밀려 뇌 조직은 머리뼈 쪽으로 밀린다. 뇌 조직은 매우 연하여 다치기 쉬우므로 쉽게 망가진다. 머리 속에서는 100gm 정도만 출혈이 있어도 사망할 수 있다.

폐는 흉막에 싸여 있는데 흉막 밖에는 흉곽(가슴우리)과 횡격막(橫隔膜)이 있다. 머리뼈보다는 여유가 있지만 흉막 안으로 혈액이 고이면 상대적으로 폐를 누르고, 폐의 호흡운동을 막는다. 혈액이 고여서 폐를 압박하면 혈흉(血胸), 공기가 고이면 기흉(氣胸), 혈액과 공기가 함께 고이면 혈기흉(血氣胸)이라 한다. 대개는 1,000㎖ 이상이면 사망할 수 있다.

심장은 심낭에 싸여 있고, 그 안에는 항상 움직이는 심장운동을 돕기 위하여 윤활유와 같은 심낭액이 들어 있다. 심낭은 비교적 딴딴한 섬유조직이어서 (뼈보다는 여유가 있지만) 그 안에 혈액이 차면 심장을 눌러 심장운동을 억제한다. 대개 300㎖ 이상이면 심장은 더 이상 박동할 수 없다.

말할 것도 없이 심장이나 폐나 뇌에 직접 손상을 입으면, 이 장기들은 기능을 멈춘다. 손상의 크기보다는 이런 장기에서도 핵심적인 조직이 다쳤는지가 문제이다. 예컨대 심장에서는 심장박동을 조절하는 전도계(傳導系), 뇌에서는 뇌간(腦幹)을 다치면 즉시 사망한다.

몸 어디를 다치든 상처를 통해 균이 침범하여 자라면 결국 패혈증 등으로 사망한다. 실제로 항생제나 상처 치료 방법이 없던 시기에는 감염으로 사망하는 예가 매우 많았다. 예컨대 미국의 남북전쟁에 관한 기록을 보면, 손상 자체보다는 감염으로 사망한 예가 훨씬 많았다. 지금은 상처의 치료법이나 항생제가 개발되어 감염으로 사망하는 예가 줄었다. 감염으로 사망하기까지는 수일 또는 수개월이 걸린다.

손상의 기록

사람이 다치면 병원을 찾는다. 적절한 치료로 사망하지는 않았으나, 나중에 법률적인 문제 등으로 다친 모양이나 정도를 검토해야 할 일이 생긴다. 그런데 다친 상황을 객관적으로 평가하는 데에 매우 중요한 상처가 이미 나았거나, 진료기록에서 찾을 수 없는 경우가 있다.

두 사람이 동승한 승용차가 고속도로를 달리다가 길가의 나무에 부딪쳐, 한 사람은 사망하고 다른 사람은 심하게 다쳤다. 사망한 사람은 승용차의 주인이고, 다친 사람은 운전면허도 없는 사람이었고, 운전을 하지 않았다고 주장하였다. 그런데 보험금을 받으려니까 보험회사에서는 목격자의 진술을 증거로 다친 사람이 면허도 없이 운전하다가 사고를 낸 것이므로 보험금을 지급하지 않겠다고 하였다.

교통사고를 일으킨 차에서 누가 운전하였는지를 아는 데에 여러 방법이 있지만, 안전띠 자국은 매우 중요하다. 보통 승용차에서는 안전띠가 운전자의 왼쪽 어깨를 지나며, 조수석에 있는 사람의 오른쪽 어깨를 지난다. 그리고 충돌할 때에 안전띠 때문에 어깨에 찰과상이 남는 수가 있다. 그런데 누가 운전자인지를 가리게 된 것은 이미 사고가 난 지 몇 달이 지난 때였다.

안전띠 찰과상은 다른 손상에 비하여 치료할 필요도 없으므로 아무도 기억하지 못하였고, 의료인도 기록하지 않았다. 확인할 수 있는 좋은 증거가 없어지고 만 것이다. 물론 생명과 관련된 손상에 관심을 집중하는 것은 당연하지만, 위급한 상태가 지난 다음에도 사진을 찍어두거나 기록해두면 결정적인 증거로 쓰일 수 있다. 손상의 기록은 그래서 중요하다.

간혹 상처를 만든 물체 '성상기(成傷器)'가 신체와 접촉한 부위의 모양을 본뜬 듯이 나타나거나 자동차 바퀴 자국처럼 규칙적으로 반복하는 모양이면 그 물체를 알아내는 데 결정적인 자료가 된다. 그 외에도 흘러내린 핏자국, 손상 부위에서 발견되는 이물질이나 옷에 묻어 있는 손상 주변의 모래, 흙, 페인트 조각도 귀중한 증거물이 된다.

둔기 손상

일상 주변에 있는 많은 물체는 둔기로 사용되어 손상을 일으킬 수 있다. 돌, 파이프, 각목, 몽둥이, 망치, 주먹, 구두를 비롯하여 자동차, 열차까지 무수히 많다. 또한 높은 곳에서 추락할 때에는 지면이 둔기로 작용한다. 둔기 손상(鈍器損傷, blunt force injury)은 표피박탈, 좌상, 열창으로 나눌 수 있다.

한편 날이나 뾰족한 끝이 있는 물체로 생긴 상처를 예기 손상이라 한다. 절창(切創, 벤 상처)과 자창(刺創, 찔린 상처)이 대표적이다. 면도날로 그은 것이 전형적인 절창이고, 칼로 찔린 것이 자창의 전형이다.

표피박탈은 표면이 거친 물체가 피부를 스쳐(찰과하여) 살갗의 바깥 부분이 벗겨진 상태를 말한다. 피부의 가장 바깥 부분인 표피가 허옇게 일어난 것으로 찰과 방향을 알 수 있다. 일상생활에서 흔히 보는 표피박탈은 물체의 거친 면이 스치면서 생기므로 찰과상(擦過傷)이라 한다.

그러나 손톱처럼 비교적 뾰족한 물체로 한 번 긁혀 생기는 생채기와 망치나 몽둥이로 맞아서 피부를 강하게 압박하여 생기는 압박성 표피박탈과 목맨 자국처럼 짧게 반복 마찰하여 생기는 마찰성 표피박탈, 깨문자국(咬痕) 등이 있다. 따라서 찰과상이 표피박탈과 동의어는 아니다.

표피박탈이 생기고 몇 시간이 지나면 상처가 치유되기 시작한다. 진물(삼출액)은 하루나 이틀 동안 나오고 딱지(痂皮)가 앉는다. 더 오래된 것에는 감염이 생길 수도 있다.

좌상(挫傷, 멍, 피하출혈)은 진피(眞皮)나 피하조직에 있는 모세혈관이나 정맥이 터져 출혈한 상태이다. 멍든 것이 바로 좌상이다. 둔체로 맞거나 꼬집히면 피부는 찢어지지 않지만 적은 혈관이 터져 출혈한다. 좌상의 넓이나 깊이는 터진 혈관의 종류, 외력의 세기, 손상 부위의 조직, 출혈 경향 등에 따라 다르다.

예를 들어 눈꺼풀, 음낭, 음순처럼 피하 조직이 성근 곳에서는 피하출혈이 커지기 쉽다. 좌상은 외표로만 보아서는 안 되고 의심되는 곳은 절개하여 출혈 유무, 출혈 정도, 출혈 범위를 확인하여야 한다. 좌상 모양이 때로는 둔체의 작용면을 본뜬 형태를 보이기도 한다. 보통 좌상은 둔체가 작용한 부위에 생기지만 회초리나 막대기, 채찍처럼 가늘고 긴 물체로 빠르게 때리면, 외력이 가해진 부분의 혈관이 눌리면서 혈액이 밀려나 압박한 곳의 가장자리에 피하 또는 피내 출혈이 두 줄로 나타난다(두줄출혈, double line hemorrhage).

겉으로 보아 살갗이 찢어지지 않고 좌상만 있다고 해서 내부 손상이 적다고 판단해서는 안 된다. 머리카락이 덮인 머리나 배를 치면 멍은 없거나 작아도 치명적인 손상을 보일 수 있다.

멍의 색깔은 출혈 양과 출혈 부위의 깊이에 따라 다르다. 좌상은 몇 시간 안에 옅은 파란 색이었다가, 시간이 지나면서 짙은 퍼런 색, 보라색, 푸른색(녹색), 갈색, 노란색으로 변한다. 이것은 헤모글로빈이 변해서 흡수되는 과정 때문이다. 시기가 다른, 즉 색깔이 다른 좌상이 몸의 돌출 부위나 관절 부위에 많이 나타나는 것은 만성 알코올 중독자에게 흔하게 나타난다. 어린이에게 시기가 다른 좌상이 가슴, 배, 팔다리에 흩어져 나타나면 '매 맞는 아이'일 가능성이 크다.

열창(裂創, laceration)은 물체가 강하게 피부와 피하조직에 충격하여 짓이기거나, 심하게 당겨져 찢어진 손상을 말한다. 권투 경기에서 눈 가장자리가 잘 찢어지듯이, 열창은 주로 머리나 정강이처럼 피부 바로 밑에 뼈가 있는 연부조직의 층이 얇은 부위에서 잘 일어난다.

열창은 대개 주변에 좌상이나 표피박탈을 수반한다. 때로 절창(칼로 벤 상처)과 구별하기 어려울 수 있으나, 좌창에서는 상처 가장자리(創緣)가 불규칙하고, 주변에 표피박탈이 수반되면, 상처 속 공간(創腔)에 작은 혈관, 신경, 탄력섬유(組織橋) 등이 남으므로 구별할 수 있다. 좌창 안에 있는 유리조각, 페인트 조각, 나무가시와 같은 이물질을 찾으면 물체가 무엇이 있는지를 판단하는 데 도움이 된다.

피부가 심하게 당겨져서 찢어져도 열창이 생긴다. 대개는 피부 결(割線)에 따라 찢어지고, 둔체가 작용한 부위는 물론 작용 부위에서 떨어진 곳에도 생길 수 있다. 예컨대 자동차 바퀴가 배나 가슴을 타고 넘으면, 샅굴 부위(배와 허벅지가 만나는 부위)에 열창이 생긴다.

주저흔과 방어흔

자살할 때에 사람은 심리적으로 한 번에 치명상을 가하지 못하고, 여러 번 시도하다가 실패하거나 또는 마지막으로 치명상을 가하여 사망한다. 이와 같이 치명상이 아닌, 자해로 생긴 손상을 주저흔(躊躇痕, hesitation mark) 또는 미수 손상(未遂損傷)이라고 한다.

이런 손상의 특징은 대개는 절창이나 자창으로, 스스로 저지를 수 있는 부위에 생기며, 몇 군데 부위에서 발견되더라도 한 군데에 모여 있는 형태이고, 치명상이 아닌 상처는 얕고, 평행이다. 주로 손목의 앞쪽(손바닥 쪽), 팔오금, 목, 가슴이나 배에서 흔히 관찰할 수 있다. 예전에 시도했던 흉터가 있으면, 자살을 시도한 과거력으로 인정할 수 있다. 이와 같은 주저흔이 있으면, 아무리 엽기적이더라도 자살일 가능성이 높다. 한편 자기의 용기를 과시하기 위하여 상대편 앞에서 팔이나 배를 칼로 긋는 경우가 있으므로, 주저흔과 구별해야 한다. 이때에는 팔에서는 아래위로, 배에서는 옆으로 길게 얕은 흉터가 있으며, 폭력배들에서 볼 수 있다.

사람은 공격을 당하면 무의식적으로 방어한다. 가해자가 칼로 공격하면, 칼날을 쥐거나 막으면서 베이거나 찔릴 수 있음을 알면서도 무의식적으로 손으로 칼날을 잡거나 팔을 들어 막으려 한다. 심지어 총을 쏘는 가해자에 대항하여 손으로 막으려고 할 때 생긴 손상도 있다. 이렇게 방어하면서 생긴 손상을 방어흔(防禦痕, defense mark)이라 한다.

대개는 손바닥, 손등, 팔의 자뼈 쪽(새끼손가락 쪽) 발에 생긴다. 방어흔 자체는 치명상이 아닐지라도, 이런 손상이 있으면 피해자가 가해자의 공격을 인식하였다는 증거이며, 따라서 타살임을 증명한다. 방어흔은 가해자와 피해자의 힘이 비슷할 때, 즉 오랫동안 방어할수록 많이 생긴다.

주검 조사에서 상처는 치명상일 수도 있고, 하찮은 것일 수도 있다. 치명상이라면 사망원인을 판단하기에 중요하므로 누구나 관심을 갖는다. 전문적인 검시의사라면 하찮은 상처라도 하찮게 보지 않는다. 이런 상처는 변사자의 사망 상황을 엿볼 때 결정적일 수 있기 때문이다. 비록 방어흔은 치명상이 아닐지라도 타살임을 증명하며, 주저흔은 자살일 가능성을 강력하게 주장한다.

교통사고 ^{손상}

최근 10년 남짓 동안 우리 나라의 자동차 수는 수십 배나 증가했고, 이에 따른 교통사고 수도 엄청나게 늘었다. 이런 교통사고를 둘러싼 많은 문제들이 있지만 법의학은 그다지 큰 역할을 하지 못하고 있다.

우리 나라에서는 교통사고 피해자의 부검률이 그리 높지 않다. 교통사고 피해자에게는 손상이 너무 많아 사망원인을 쉽게 알 수 있기 때문이다. 그러나 교통사고 피해자를 부검하여 사망상황을 재구성하겠다는 목적이 있다면, 주검뿐 아니라 사고차량의 검사, 사고현장의 상황, 목격자의 진술들을 종합하여야 가능하다. 이런 상황은 피해자가 생존하는 경우도 마찬가지인데, 현실적으로 어려운 점이 많다. 일단 부상자가 병원에 오면 치료가 제일 중요하다. 그러다보니 크지 않은 손상을 기록하지 않는 경우가 많기 때문이다.

교통사고에서 피해자는 크게 사람이 차에 치는 보행자교통사고와 차를 타고 있다가 사고가 나서 다치는 탑승자교통사고로 나눈다.

보행자교통사고

어느 해 7월 하순이었다. 김아무개 씨는 청천벽력 같은 전화를 받았다. 제대하고 취직을 앞둔 26살의 큰아들이 교통사고로 사망하여 병원 영안실에 안치되었다는 것이다. 그렇지 않아도 사흘째 집에 들어오지 않아 걱정을 하고 있던 터였다. 정신없이 병원에 달려갔더니, 아들의 주검은 이미 차가운 냉장고 안에 누워있었다. 담당 형사의 말로는 아들은 이틀 전 새벽에 교통사고를 당하였다는 것이다. 사고가 난 곳은 새로 택지를 조성하여 집이 드문드문 있는 시 외곽에 있는 큰 길이었고, 그곳보다 더 외곽에 있는 시내버스 종점에서 출발한 새벽 첫 차가 가해차량이라는 것이었다. 사고가 난 시각은 새벽 5시로 아직 주변은 깜깜했고, 사고를 목격한 사람은 없었다. 다만 사고 직후에 마주오던 승용차에 있던 부부는 새벽 기도에 가던 참이었고, 주변에 있던 집에서 창문으로 내다 본 학생은 새벽 공부를 하던 중이었다. 그러나 이들 모두는 급한 제동 소리가 난 다음의 현장을 보았을 뿐 사고 자체를 보지는 못하였다.

시내버스 운전사는 새벽에 첫 차를 끌고 아무도 없는 길을 시속 60㎞로 달리던 중이었고, 깜깜한 길을 가다가 느닷없이 전조등이 비치는 반경 안에 사람이 길에 누워있는 것을 보았고, 급제동하였으나, 너무 늦어 역과(轢過)하고 말았다는 것이었다. 그리고 덧붙이기를 큰길에 사람이 누워있는 것을 예상하기란 불가능하다며, 어쩔 수 없었다고 하였다.

김씨는 믿을 수 없었다. 아들의 죽음 자체도 믿을 수 없는데, 길에 누워있었다는 말은 그야말로 말도 안 되는 소리였다. "혹시 노상강도를 당하여 심하게 다치거나 죽은 다음에 버려진 것은 아닌지? 다른 곳에서 교통사고를 당하고 그 곳에 버려진 것은 아닌지? 아니면 그 곳에 누워있었다는 버스 운전사의 말은 거짓말일 것이다." 여러 생각이 들었다.

문제는 사고 상황을 알고 있는 사람이 버스운전사뿐이고 동시에 그는 가해자라는 것이다. 객관적으로 사고 당시에 어떤 일이 있었을까?

보행자교통사고와 관련된 감정들은 대개 다음과 같다. (1) 길에서 발견한 사상자가 과연 교통사고의 피해자인지, (2)보행자교통사고 피해자라면 그 피해자는 사고 당시 어떤 상태였는지, (3)용의차량이 여럿일 때 주요 손상을 일으킨 차는 어떤 것인지, (4)피해자 과실은 없었는지 따위이다.

이 사건에서는 우선 김씨의 아들이 보행자교통사고 피해자인지부터 밝혀야 했다. 주검을 부검한 결과, 바퀴가 배를 타고 넘어갔기 때문에 배 부위에 심한 손상이 있었고, 그 역과 손상가 사망원인이었다. 다른 손상도 있었으나 표피박탈과 피하출혈(멍)이 여러 개 있었으나 그다지 심한 것은 아니었다. 즉, 달리 사망할 이유가 없었으므로 교통사고 이외의 사망은 생각하기 어려웠다. 물론 나중에 받아 본 독극물 검사 결과에서도 혈중 알코올 농도가 0.26%인 것 말고는 아무것도 발견되지 않았다.

일반적으로 보행자교통사고 손상이 생기는 과정은 (1)보행자가 처음 자동차의 범퍼와 충돌하여 생긴 일차 손상, (2)달려오던 가속력 때문에 보행자가 자동차의 다른 부위와 부딪쳐 생긴 이차 손상, (3)길바닥에 떨어져 생긴 삼차 손상, 그리고 (4)역과 손상으로 나누어 볼 수 있다.

이 사건에서는 일차 손상이 중요한 역할을 한다. 어른이 자동차와 부딪치면 피해자의 다리와 자동차의 범퍼가 최초로 맞닥뜨리게 된다. 이를 범퍼 손상이라 하는데 손상의 크기나 위치는 자동차의 속도, 범퍼의 형태, 피해자의 충격 부위, 입고 있던 옷 따위에 따라 다르다. 적게는 멍든 정도이거나 또는 근육 속에만 출혈이 있어 겉으로는 구별할 수 없는 경우부터 다리뼈의 개방성 골절까지 생길 수 있다. 그러나 일차 손상만으로는 사망하지 않으므로 자칫 부검에서도 간과하는 경우도 있다. 실제로 외표검사로는 아무런 이상이 없는 다리를 부검하기 위해 절개해보면 근육 속 출혈이나 정강뼈 골절이 있는 경우도 적지 않다.

정강뼈 골절은 범퍼 손상에 가장 흔한 형태이다. 젊은이보다 노인이라면 더 느린 속도로 부딪쳐도 골절이 생길 수 있고, 근육이 없는 앞으로 부딪치면 근육 층이 두꺼운 종아리 쪽으로 부딪칠 때보다 느린 속도에서도 골절이 생길 수 있다. 골절이 없더라도 멍이나 표피박탈이 있다면 범퍼 손상을 고려해야 하는데 생존한 피해자에게 단순한 멍이나 표피박탈은 특별한 치료가 필요없고, 다른 곳에 큰 손상이 있으면 통증도 느끼지 못하므로 피해자 자신이나 치료한 의사가 이런 손상을 간과하는 수도 적지 않다.

이와 같은 범퍼 손상이 있었는지도 중요하며, 그 높이도 매우 중요하다. 범퍼 손상의 높이는 대충이나마 가해 차량의 종류를 알 수 있게 해주며, 또는 가해차량이 충돌 당시에 급제동을 하였는지를 가늠할 수 있게 해준다. 범퍼의 높이는 차량의 종류에 따라 다르다. 피해자가 어른이고 가해차량이 승용차라면 대개 무릎 근처에 생긴다.

범퍼와 부딪칠 때 다리에 생긴 손상만큼 피해자가 서 있었다는 사실을 증명하는 데에 중요한 것은 발목, 발등 그리고 신발과 양말의 손상이다. 대개 충돌 부위는 피해자의 몸무게 중심보다 낮은 부위이므로 길바닥에 닿아 있던 발은 충격 때문에 밀리게 되므로 길바닥과 마찰한 신발바닥, 신발과 마찰된 발가락이나 발등 또는 충격으로 꺾인 발목 손상이 있다면 이는 범퍼 손상 그 자체만큼 보행자교통사고를 결정하는 데 중요하다.

그런데 이 사건에서 피해자인 김씨 아들의 다리와 엉덩이 부위에서 역과 손상은 있었으나 범퍼 손상은 없었다. 더구나 신고 있던 구두와 양말은 옆에 벗어 놓은 상태로 발견되었으며, 구두와 양말에는 아무런 손상도 없었다. 이는 김씨 아들이 누워있었다는 운전사의 말을 뒷받침하는 사실이었다. 행적 조사에서 나타난 결과를 보면 김씨 아들은 친구들과 같이 술을 마시고 자정께 헤어졌는데, 막차를 타고 집으로 갈 것으로 알고 있었다는 것이다. 그렇다면 아마도 그는 술에 취한 채 집에 가는 버스를 타고 가다가 정거장을 지나쳤고, 종점 근처에서 내려, (어떤 이유였는지는 모르겠으나 아마도 취해서 집인 줄 알고) 길에서 구두와 양말을 벗고 자다가 변을 당한 것이라고 추정할 수도 있다. 드물지만 취해서 길에서 자는 사람들 가운데에는 이런 경우가 종종 있다.

한편, 승용차와 부딪치는 경우, 달려오던 승용차에 의해 일차 손상이 생긴 후, 그 차가 멈추지 않았을 때 피해자는 승용차의 엔진 덮개(보닛) 위로 떠오른다. 그래서 머리나 목에 손상을 받는다. 이 손상은 치명적일 수도 있다. 이런 손상을 이차 손상이라 한다. 물론 어린이가 승용차에 치거나, 어른이라도 버스처럼 앞면이 수직인 차량에 부딪치면 이차 손상은 다른 형태로 생긴다. 또 자동차가 저속이면 피해자는 엔진 덮개 위로 떠오르지 않고 앞으로 넘어지므로 이차 손상이 생기지 않는다.

엔진 덮개 위로 떠오른 피해자는 승용차에 실려 일정 거리를 진행하다가 결국 자동차가 속력을 늦추어 멈추게 되면 길바닥에 떨어져 손상을 받는다. 이를 삼차 손상이라 한다. 특히 머리에서는 두개골 골절, 뇌좌상과 같은 치명적인 손상을 받을 수 있으며, 엉덩이로 떨어지면 골반 골절과 같은 손상을 받는다. 경부 손상은 최초의 충격에 목이 갑자기 뒤로 젖혀질 때, 이차 손상으로 머리가 앞유리창과 부딪칠 때, 또는 삼차 손상으로 길바닥에 떨어질 때 생길 수 있으며 직접 사망원인이 될 수 있다. 시속 70km 이상의 고속으로 달리던 승용차와 충돌하면 피해자는 보닛 위를 지나 차지붕 위로 올라가서 진행하는 자동차 뒤편으로 떨어질 수도 있다.

앞면이 수직인 소형 승합차, 트럭, 버스와 충돌하면 승용차와는 달리 피해자가 이차 손상 없이 앞으로 튕겨나가거나, 범퍼와 라디에이터 그릴에 실려 일정 거리를 진행하다가 속력이 줄거나 멈추면 앞이나 옆으로 튕겨진다. 어린이가 승용차에 부딪치면 몸무게의 중심이 낮기 때문에 어른이 버스에 충돌한 것과 같으며 이어서 역과될 가능성이 높다.

탑승자교통사고

정씨는 동생에게 열흘째 자동차 운전을 가르치고 있었다. 그 날도 비가 왔지만 저녁을 먹고 나서 동생을 소형화물차 운전석에 앉히고, 자신은 조수석에 앉아 편도 일차선인 국도로 나갔다. 동생은 가르친 대로 제법 운전을 잘 했다. 그런데 오른쪽으로 구부러진 길을 따라 가던 중에 맞은편에서 오던 승용차가 갑자기 중앙선을 넘어 들어왔고, 순간 동생은 오른쪽으로 운전대를 꺾으면서 브레이크를 밟았다. 차가 미끄러지는 듯하더니 길옆에 있는 나무를 부딪치고, 정씨는 앞 유리창을 깨고 밖으로 튀어나갔다. 여러 곳을 다쳤고, 특히 다리가 부러진 것 같았으나 동생이 걱정되어 다리를 끌고 가 보았더니 동생은 심하게 다친 상태에서 운전대에 엎드려 있었다.

마침 지나가던 차의 도움을 얻어 둘은 병원으로 옮겨졌고, 치료를 받았다. 다행히 둘 다 생명에는 지장이 없었다. 정씨는 생각을 했다. 자기 소유인 화물차를 보험에 들어두었지만, 운전면허가 없는 동생이 운전하다가 사고를 냈다면 당연히 보험회사는 치료비를 비롯한 손해를 보상해주지 않을 것이었다. 그래서 자신이 운전을 했노라고 신고하였다. 특별한 의심을 사지 않았고 그렇게 보험처리가 이루어지는 듯했다. 그런데 어떻게 알았는지 보험회사가 운전자에 대한 의심을 하기 시작하였다.

탑승자교통사고에서 문제가 되는 것은 (1)탑승자가 여럿일 때 누가 운전자인지, (2)교통사고를 일으킨 원인에 운전자의 질병이나 또는 약물 복용, 음주와 같은 요인이 있는지 여부이다. 이 사건에서도 문제는 운전자가 누구인지였다.

달리던 자동차가 마주 달려오던 다른 자동차나 또는 고정된 물체와 충돌하면, 자동차는 급격하게 감속하며 멈춘다. 이때 자동차 안에서 자동차와 같은 속도와 방향으로 이동하던 탑승자는 자동차가 감속하는 정도보다 늦게 감속하므로 마치 서 있는 자동차 안에서 앞으로 강하게 달려가는 운동을 하게 되어 이미 감속 또는 정지한 자동차의 내부와 부딪치게 된다.

운전자나 동승자 모두 앞으로 튀어나가 앞유리창에 머리를 부딪치면서 이마나 코에 상처가 생긴다. 또 탑승공간 앞에 있는 대시보드에는 팔이나 무릎이 부딪친다.

운전자는 앞에 있는 운전대에 가슴을 부딪치게 되어 가슴 피부의 표피박탈, 흉골이나 늑골 골절, 흉부 장기(심장, 대동맥, 폐)에 손상을 입으며, 배를 부딪치면 복부 장기의 손상을 입게 된다. 또 자동차 페달에 끼여 발목에도 손상이 있을 수 있고, 운전대를 움켜쥐고 부딪칠 경우에 손목이나 팔에도 손상이 있다.

안전띠를 매고 있으면 앞으로 튀어나가는 몸을 묶어두므로 앞유리창이나 운전대, 대시보드 때문에 생기는 손상을 크게 줄일 수 있다. 그러나 2점식 안전띠라면 아랫배를 중심으로 윗몸이 앞으로 쏠리므로 운전대나 대시보드에 머리를 부딪칠 수 있고, 배를 누르는 안전띠 때문에 복부 장기의 손상이나 척추 손상이 생길 수 있다. 3점식 안전띠는 2점식에 비하여 윗몸을 고정하므로 더 안전한데 운전자는 왼쪽 어깨에, 동승자는 오른쪽 어깨에 안전띠로 생긴 표피박탈이 있어 운전자와 동승자를 쉽게 구별할 수 있다. 다만 이런 표피박탈은 별다른 치료가 필요없으므로 기록하거나 기억하지 못하는 경우가 많다.

그 외에 운전자인지를 구별하는 실마리로는 실내후사경으로 생긴 손상이 이마 오른쪽에 있으면 운전자이고, 운전석 근처에 묻어있는 혈액으로 유전자형을 검사하여 운전자를 식별할 수도 있다. 혈액을 이용한 운전자 식별은 DNA 검사로 확실하게 할 수 있다. 혈흔이 말라있으면 오랜 시간 뒤에도 유전자형을 알 수 있는데, 우연히 같을 비율이 거의 0에 가까워 일반적인 혈액형 검사에 비하여 훨씬 우수하다.

이 사건에서 정씨 동생은 배에 둥그런 표피박탈이 있었는데 이는 운전대에 부딪쳐 생긴 손상이었다.

질식사

    강군은 대학을 2학년까지 다니다가 군에 입대하였다. 대학에 다닐 때에는 학생운동에 깊이 관여하였다. 입대를 앞두고 다니던 학교를 휴학하고, 입대하기 전에 사회경험을 쌓는다고 노동일을 하면서, 그 힘든 일도 즐겁게 하였고, 부모에게 노동일로 번 돈 일부를 선물과 용돈으로 드리기도 하였다. 다른 자식들과 마찬가지로 훈련소에 입대하고 6주 동안의 힘든 훈련도 무사히 마쳤다. 훈련이 끝날 때에는 가족들이 면회를 갔고, 그때에도 '걱정말라'며 오히려 부모를 안심시키기도 하였다. 그런데 배치받은 부대에서 강군의 편지가 처음 도착한 다음 날, 강군 부모는 군으로부터 걸려온 전화를 받았다. "사고가 났으니, 급히 오라"는 것이었다.

부랴부랴 달려간 부대에서 들은 이야기는 강군이 목매단 주검으로 발견되었다는 것이다. 그때는 부대에 도착한 강군이 다른 신병들과 함께 부대에 적응하는 기간이었는데, 어느 날 저녁 식사 시간에 강군이 없어진 사실을 처음 알았고, 그 다음 날 낮에 부대 뒷산 후미진 곳에서 소나무에 목을 맨 상태로 강군이 발견되었다는 것이다. 자체 수사 결과 강군은 없어진 날 하오 2시쯤에 뒷산으로 올라갔는데, 부대에서 뒷산으로 올라간 곳은 철조망이 부실하여 사병들이 자주 드나드는 곳이었고, 강군이 그쪽으로 가는 것을 본 사병이 있었다고 하였다.

주검을 발견한 현장에서 강군은 플라스틱 빨랫줄을 여러 번 묶어 만든 끈에 목을 매었으며, 목을 맨 소나무는 얕은 골짜기 쪽으로 가지를 늘어뜨렸는데 그 가지에 끈을 걸었고, 강군의 다리는 땅에 닿을 듯 말 듯한 정도였다.

강군 부모는 믿을 수 없었다. 우선 아들의 죽음 자체를 믿을 수 없었다. 그리고 강군의 평소 행실로 보아 그 아들이 자살하였다고는 도저히 믿기지 않았다.

부모 마음

이 세상에 어느 부모도 자기 자식이 자살하였다는 말을 믿을 사람은 없다. 자식에 대한 부모의 마음은 그렇다. 건강하던 자식이, 힘든 노동일을 하면서도 부모에게 선물과 용돈을 보내고, 형제 사이에도 우애가 깊고, 훈련이 끝나던 날 면회에서

멀쩡히 부모를 안심시키고, 또 며칠 전 잘 지낸다는 편지를 보낸 그 자식이 자살하였다고 믿을 부모는 없다. 더욱이 자살을 큰 죄로 삼는 가톨릭을 믿고 있지 않은가? "자살은 아니다."

자살이 아니라면 이 금쪽 같은 아들이 죽은 사실을 어떻게 설명할 것인가? 당연히 "타살이다. 누군가 내 아들을 죽인 것이다"라는 생각이 들었다. "대학교에 다닐 때 학생운동을 하였다니까, 그 사실을 빌미로 기합을 주고, 때리는 등 괴롭히다가 아들이 죽으니까 자살로 위장한 것이다." 이런 생각에 미치자 여러 가지 의문점이 드러났다. "발만 뻗으면 목이 졸리지 않아 살 수 있는 위치에서 죽는다는 것은 믿을 수 없다." "목매달아 죽으면 대변을 본다는데 그렇지 않다." "목을 매면 혀를 빼문다는데 그것도 없다."

강군 부모와 가족은 군병원 영안실에서 사실을 밝히라고 주장하였고, 강군이 다니던 학교의 대학생들이 이에 합세하였다. 군 수사기관의 수사 결과를 믿을 수 없고, 군의관의 부검도 거부하였다. 그러나 군에서는 더 이상의 뾰족한 실마리를 찾을 수 없었고, 부검에서 중요한 자료를 얻을 터인데, 유가족의 반대로 이도 강행하지도 못하는 상황이어서 사건은 지지부진이었다.

어느 사회에서든 자살은 일어나고, 자살한 사람의 가족 가운데 그 자살을 쉽게 받아들일 수 있는 사람은 거의 없다. 자살률이 민족마다 조금씩 다르고, 종교도 영향을 미치기는 하지만 자살은 있다. 우리 나라도 자살률이 높은 나라 중 하나다.

질식이란?

넓은 의미로 질식(窒息)이란 원인이 무엇이든 사람 몸을 구성하는 조직에서 산소가 부족하여 이산화탄소와 대사산물이 축적되는 것을 일컫는다. 이런 정의로 보면 질식을 일으키는 원인은 무척 많은데, 어떤 화학적 물질 때문에 조직으로 산소를 공급할 수 없게 되거나 세포 안에서 산소를 사용하지 못하게 되는 경우는 질식이라 하지 않고, 중독이라 한다. 예컨대 건물 화재에서 피해자들은 대개 화상으로 사망하는 것이 아니고, 유독가스를 흡입하여 사망한다. 특히 일산화탄소가 문제이다. 따라서 화재사고에서 "매연에 질식하였다"는 말은 정확하지 않고, "유독가스에 중독되었다"가 정확하다.

한편, 질식은 크게 두 가지로 나눈다. 하나는 목눌림이고(頸部壓迫), 다른 하나는 좁은 의미에서 질식인데 이는 산소를 얻어들이는 폐에 공기가 들어가지 못하는 것이다.

목눌림

흔히 목이 눌린다(또는 졸린다)고 해서 숨이 막혀 죽는 것은 아니다. 목을 눌러 숨을 못 쉬게 하였다면, 숨을 참을 수 있는 기간에는 생존할 수 있는데, 실제로는 그렇지 않다. 목이 눌리면 숨을 못 쉬어 죽는 것이 아니라, 머리(뇌)로 가는 혈관을 막거나, 목에 있는 굵은 신경에 자극을 주어 심장에 부정맥을 일으키거나, 드물게는 목뼈에 손상을 일으켜 사망하게 된다. 목이 눌려 사망하면 특징적으로 얼굴에 울혈이 심하고, 결막에 점상출혈이 나타나며, 내부 장기에 울혈이 심하다. 또 혈액은 유동성이고 아주 검붉은 색을 띤다.

목눌림에는 세 가지 유형이 있다. (1)의사(縊死, 목맴), (2)교사(絞死, 끈조름), (3)액사(扼死, 손조름)이다.

의사는 '목매달아 죽음'이다. (縊은 자전에 '액'으로 읽지만, 扼死와 구별하기 위하여 본디 훈과 음을 써서 '목매달 의'로 읽는다.) 의사는 목을 끈으로 두르고, 몸무게로 끈을 조르는 것이다. 교수형이 흔한 형태이다. 교수형에서는 중력을 받아 떨어지는 몸을 목에 두른 끈으로 갑자기 멎게 하므로 목뼈에 손상이 생기고, 즉시 사망한다. 일반적인 의사에서 몸무게가 거의 전부 걸리면 대개는 10초 이내에 의식을 잃고, 수분 안에 사망한다. 몸무게 전체가 걸리면 목에 있는 신경을 자극하거나, 동맥과 정맥이 일시에 막히게 되므로 순식간에 의식을 잃게 된다. 그리고 뇌에 산소 공급이 끊어지므로 수분 안에 사망하는 것이다. 이때 심장은 더 오래 박동할 수도 있다. 끈으로 목동맥이나 목정맥을 조르는 데에는 몸무게 전체가 필요한 것은 아니다. 목에 있는 큰 정맥을 눌러 막는 데에는 최소 5 kg이면 충분하므로 극단적으로는 몸을 완전히 바닥에 대고, 머리만 들리게 한 상태로도 죽을 수 있다. 그러므로 발이 땅에 닿아 있거나, 무릎을 대거나 또는 앉아서도 의사는 가능하다.

목을 맨 주검에서 대변을 보거나, 혀를 빼무는 경우가 흔하기는 하지만, 모든 경우에 보이는 소견은 아니다. 그런 현상이 없다고 해서 목을 맨 것이 아니라고 할 수는 없다.

교사와 액사는 '목 졸라 죽음'인데, 교사는 끈으로 목을 조른 것이고, 액사는 손으로 목을 조른 것이다. 끈이나 손으로 목을 조를 때 그 힘은 몸무게를 싣는 것보다 약하고, 반항할 수 있으므로 의사 때보다 사망하기까지 시간이 더 걸린다. 따라서 졸린 목 안쪽에는 출혈을 비롯한 손상이 더 많이 남는다. 특히 손으로 목을 조르면 더 오래 생존하기 때문에 손상이 더 크다.

끈자국

목에 끈을 두르고 나서, 몸무게로 조르든(의사), 다른 힘으로 조르든(교사) 목에는 끈자국(삭흔, 索痕)이 남는다. 끈자국은 매우 중요하다. 끈자국으로 목을 조른 끈의 종류를 알 수 있고, 힘이 가해진 정도를 알 수 있다. 목을 매달면 끈은 한쪽으로 끌려올라가기 때문에 반대쪽이 가장 압력이 크고, 끌린 쪽은 끈자국이 없거나 약하다. 그러나 목을 조르면 목에 가해진 힘은 목을 뺑 돌아 비슷하게 적용된다. 그렇게 해서 쉽게 의사와 교사를 구별한다. 또 의사에서는 끈이 한쪽으로 끌려올라가지만, 교사에서는 거의 수평이다. 의사에서는 끈자국이 목 위쪽에 남는다. 처음 목을 맨 위치가 목 아래쪽이더라도 몸무게를 실으면 위로 끌려올라간다. 그러나 교사에서는 목 어디에나 생긴다.

액사에서는 손으로 조르기 때문에 가해자의 손톱이나 손가락 끝의 자국이 남는다. 팔로 조르면 손톱자국이 남지 않으나, 손으로 조를 때에는 흔히 목에 다른 손상을 남기므로 구별할 수 있다.

사망의 종류

의사는 대개 자살이다. 남을 목매달아 죽게 하기란 현실적으로 매우 어렵다. 피해자가 술이나 약물로 의식이 없거나, 또는 다른 손상으로 의식을 잃지 않은 다음에는 남을 목매달아 죽게 하기 매우 어렵다. 때로 나뭇가지나 돌출한 구조물에 옷깃이 걸려 사망하는 예가 있으나 목에 끈을 두르고 몸무게가 실렸다면, 이런 상황이 사고일 리 만무하고 타살이기도 어렵다. 드물게 타살인 경우도 있다. 그러나 이때에는 피해자가 가해자보다 힘이 훨씬 약한 상황이어야 한다. 즉, 어린이나 노약자의 경우이다.

다른 방법으로 살해한 다음에 자살인 것처럼 목을 매달았을 가능성도 있으나, 이미 사망한 다음에 목을 매달면 목에 출혈과 같은 생활반응이 없고, 주검을 매달기 위해서는 많은 조작과 힘이 필요하므로 주검에서 어색한 소견이 생기지 않을 수 없다. 따라서 산 속에서 끌려간 흔적도 없이 건강한 남자를 다른 방법으로 살해한 다음에 혼자서 마치 자살한 것처럼 목매달아 위장하기란 거의 불가능하다.

교사는 자살과 타살이 모두 가능하다. 스스로 목에 두른 끈을 서서히 조르거나 묶어 자살할 수도 있고, 살해할 목적으로 끈으로 목을 조를 수도 있다. 사용한 끈은 주변에서 쉽게 구할 수 있는 것이 흔하고, 때로는 피해자가 입고 있던 옷의 옷깃으로 목을 조를 수도 있다. 끈으로 남의 목을 조른다는 것도 그리 쉽지는 않아 대개 피해자는 가해자에 비하여 힘이 약한 경우가 많다. 예컨대 술 취한 사람이거나, 노약자, 어린이 그리고 부녀자가 피해자인 경우가 많다.

액사는 모두 타살이다. 스스로 손으로 목을 졸라 죽을 수는 없다. 스스로 목을 조르더라도 사망하기 전에 의식을 잃어 목을 조르던 손의 힘이 풀려 더 이상 목을 조를 수 없다. 역시 힘이 약한 피해자가 대부분이다. 특히 부녀자가 피해자인 경우에는 반드시 성폭력을 의심해야 한다.

남에게 목이 졸리는 경우에 반항한 흔적을 남기기 쉽다. 목에 가해진 힘을 풀기 위하여 자신의 손으로 긁은 자국이 남거나 또는 가해자의 머리카락, 단추, 살점과 같은 중요한 증거물이 피해자의 손이나 손톱 밑에 들어 있을 수 있다.

질식

몸에 있는 조직은 산소 없이 살 수 없다. 이 산소는 혈액에 들어 있는 헤모글로빈이 날라다 준다. 헤모글로빈은 폐에서 산소를 얻는다. 그런데 폐로 산소가 들어오지 못하면, 조직은 질식(suffocation)한다.

우선 숨 쉬는 대기에 산소가 부족한 경우가 있다. 이를 산소결핍이라 하는데, 예컨대 커다란 화물선 속으로 떨어진 경우, 우물이나 굴 속에서 갇힌 경우, 폭발현장에서 갑자기 산소결핍이 있는 경우 따위이다. 대기 중에는 산소가 약 20% 들어있다. 그런데 산소가 15% 이하로 떨어지면 위험하고, 5% 정도로 감소하면 수분 안에 사망한다. 대개 산소가 부족한 환경에는 질소, 이산화탄소 또는 메탄가스가 차 있는데, 이들 기체는 독성이 없으나 산소를 대체하므로 위험하다. 한편 유독성 기체가 있으면 산소가 20% 이상이더라도 사망하고 이는 엄격한 의미에서 질식이 아니고 중독이다. 부검을 하더라도 특징적인 소견이 없고, 사망환경을 조사하여야 사망원인을 알아낼 수 있는 경우가 많다.

코와 입을 막으면 질식한다. 살해할 목적으로 손바닥이나 베개, 이불로 코와 입을 막는 경우에 피해자는 대개 가해자보다 힘이 약한 노약자나 병자, 부녀자, 어린이, 영아들이다. 아이들이 장난으로 비닐주머니를 덮어쓰는 경우가 있는데, 쓸 때에는 쉽게 쓰지만, 내쉬는 숨에 들어 있던 수증기가 비닐주머니 표면에 응결하면 쉽게 벗어지지 않는다. 또 본드나 부탄가스를 흡입하는 청소년들이 덮어쓴 비닐주머니 때문에 질식하여 사망하는 경우도 있다.

기도(氣道)가 막히는 경우도 있다. 음식물을 삼키다가 기도에 걸리는 경우가 자주 있다. 노인은 사레가 들어도 기침반사가 원활하지 못하다. 꿀꺽 삼킨 음식물이 자칫 기도를 막을 수 있다. 삶은 달걀을 제대로 씹지 않았거나, 건강에 좋다고 소의 간을 날로 먹다가, 꽤 큰 고기조각을 삼키다가, 또는 부분틀니가 빠져 기도를 막기도 한다. 술에 취한 상태에서 토하다가는 토하던 음식물이 기도에 걸릴 수도 있다. 어린이는 동전이나 땅콩, 구슬, 씨앗, 장난감 따위를 입에 물고 있다가 삼켜 기도가 막히는 경우가 있다. (이런 경우는 얼른 아이를 거꾸로 잡고 등을 탕탕 두드려 빼주어야 한다.) 그 외에도 염증이나 화상 또는 외상으로 기도 점막이 부어서 기도를 막는 경우도 있다.

아주 드물게는 술이나 약에 취한 상태에서 또는 다른 원인으로 의식을 잃은 경우에 목을 심하게 앞으로 구부려 (꺾여) 기도가 막히는 경우도 있다. 이런 상태를 체위성 질식이라 한다.

가슴이 눌려도 질식한다. 호흡은 가슴우리(흉곽)가 움직이고, 횡격막이 움직여야 가능한 운동이다. 가슴과 배를 눌리면 호흡운동을 할 수 없고, 또 질병이나 독극물로 호흡근육이 마비되면 질식하여 사망한다. 예를 들어 아나콘다처럼 큰 뱀은 먹이를 몸통으로 감싼 다음에 숨쉴 때마다 조금씩 압박한다. 결국 가슴과 배가 눌려 질식 사망한 먹이를 천천히 삼킨다. 산사태를 만나 모래에 파묻히되 머리는 밖으로 나온 피해자는 조금씩 밀려들어오는 모래 때문에 숨을 쉴 수 없게 된다. 군중에 깔린 피해자, 자동차 밑에서 작업을 하다가 떨어진 차에 깔린 피해자 등은 큰 손상이 없어도 질식으로 사망한다.

익사

익사(溺死)란 기도에 액체를 흡인하여 질식 사망하는 것을 이른다. 액체를 흡인하여 사망하는 것이므로 꼭 온몸이 물에 빠져야 하는 것은 아니다. "접시물에도 빠져 죽는다"는 옛말처럼 심한 손상이나 술에 취하여 의식을 잃으면 얕게 고인 물에 얼굴을 박고 익사할 수도 있다.

물에서 발견된 주검이 모두 익사체는 아니다. 수중시체(水中屍體) 또는 표류시체(漂流屍體)는 사망원인에 관계없이 물에서 발견된 주검을 말하며 대개는 익사체이지만, 드물게는 다른 원인으로 사망한 다음에 물에 들어간 경우도 있다. 또 익사체라 하여 모두 사고사(事故死)는 아니다.

한 대학생이 바다에서 익사체로 발견되었다. 그 학생은 학생운동이 격렬하던 당시에 학생회 간부였고, 발견된 곳이 학생의 집이나 학교와 먼 곳이라 타살이라는 의혹이 많았다. 물에서 건져낸 주검의 사망원인을 법의학적으로 알아내는 일도 중요하지만, 물에 들어가기 전에 사망하였는지 아니면 그 후인지, 주검에서 관찰한 손상이 언제 생긴 것인지, 또는 익사할 만한 질병이나 중독이 있었는지를 찾아내는 일이 중요하다. 그 학생의 주검에서는 익사에 특징적인 현상이 있었고, 플랑크톤도 발견되어 익사라는 결론이었다. 다만 얼굴과 팔다리에 생채기가 많았다. 결국 그 생채기들은 주검이 발견된 지역이 바위가 많은 지역임을 알고난 후 표류하는 동안에 생긴 것으로 이해할 수 있었다.

익사의 과정

익사하는 과정은 일반 질식사와 비슷하지만 증상의 경과가 조금 다르고 대개 전 과정이 5~8분 정도에 걸쳐 나타난다.

(1) 전구기(前驅期) 또는 무증상기(無症狀期) : 물에 잠기면 사람은 본능적으로 약 30초에서 1분, 길어도 1분 30초 동안 호흡을 멈춘다. 그 전에 물을 마셔 한두 번 발작적인 호흡을 하는 경우도 있다. 물에 익숙한 사람은 4~5분까지 버틸 수 있으나 거꾸로 민감한 사람은 이 시기에 신경성 쇼크로 사망할 수 있다.

(2) 호흡곤란 또는 경련기 : 물 속에서는 누구나 숨을 참지

만 언제까지나 숨을 참지는 못하고 혈중 탄산가스 농도가 높아지면 호흡중추를 자극하여, 결국 물 속에서 호흡하므로 물을 흡인한다. 곧이어 경련과 의식 소실이 나타나며 입에서는 거품이 흘러나온다.

(3) 호흡정지기 : 계속된 뇌의 무산소 상태 때문에 가사(假死)에 빠지며, 이 기간은 약 1분간 지속한다.

(4) 종말호흡기 : 마지막으로 발작적으로 몇 번 호흡 운동을 하며, 완전히 호흡이 멎기까지 약 1분이 걸린다. 심장은 이때까지 운동을 지속한다.

한편, 물을 흡입하지 않아도 미주신경이 자극되어 심장이 멎는 경우도 있는데, 이런 경우에는 기도에 익수가 없다. 이를 건성 익사라 한다. 또 익사의 과정에서 구출하여 소생하였으나 다시 의식을 잃고 수시간 이내에 사망하는 경우이다. 대개 폐부종이나 용혈로 사망한다. 또는 익수로 인한 폐렴으로 사망할 수 있다.

익사체의 부양

익사체는 일단 물 속으로 가라앉는다. 인체의 비중은 숨을 들이쉬면 0.967, 내쉬면 1.057 정도이므로 폐 속에 물이 들어간 익사체는 대개 가라앉는다. 가라앉지 않거나 금방 떠오르는 경우도 20-30% 가량인데, 이런 경우는 입고 있는 옷에 공기가 들어있어 부력이 높아졌거나, 폐에 공기가 많이 찬 경우이다. 비중이

민물보다 높은 바닷물에서는 가라앉지 않을 확률이 높다.

일단 가라앉은 주검은 나중에 수면에 떠오르게 되는데 주검의 물에 대한 비중, 특히 물 속에서 주검이 부패하면서 생긴 부패 가스로 인한 부력(浮力)이 중요하다. 또 부패 가스의 발생 정도, 수온, 물 흐름, 물 깊이, 물의 비중(민물 또는 바닷물), 옷의 상태도 영향을 미친다. 수온이 매우 낮아 주검이 부패하지 않으면 아주 오랫동안 떠오르지 않고 바닥이나 물 중간에 떠있는 경우도 있다.

가라앉은 주검이 다시 떠오르는 시기는 부패에 가장 큰 영향을 미치는 수온에 따라 달라진다. 수온이 높으면 부패의 진행이 빠르므로 여름에는 대개 2~3일 만에 떠오르고 겨울에는 2~3개월 후에 떠오른다. 즉, 수온이 25℃면 2~3일, 15℃면 5~10일, 10℃면 10~20일, 5℃면 15일이나 한 달 후에 떠오른다.

물이 깊으면 온도가 낮고 수압으로 부패 가스 형성이 부진하므로 늦게 떠오른다. 바닷물은 비중이 높아 일찍 떠오르기도 하지만 부패 진행은 염도 때문에 늦어진다. 한편 수온이 매우 낮아 부패 가스가 형성되지 않거나 어디엔가 걸려있으면 떠오르지 않을 수도 있다. 그러나 부패 가스의 부력은 매우 커서 30kg의 추를 매단 주검이 떠오른 예도 있다.

익사체의 소견

익사체에서는 익수를 흡인하여 생긴 익사의 소견과 주검이 물 속에 있었으므로 생긴 소견이 공존한다. 따라서 수중시체의 소견만으로 익사를 진단할 수는 없다. 익사의 소견은 주로 사망한 지 오래되지 않은 주검에서 발견되므로 부패한 주검에서는 나타나지 않는 경우가 더 많다.

익사한 후 금방 건져낸 주검에서는 코와 입에서 흰색의 잘디 잔 거품이 흘러나와 덩어리지어 덮인 것을 볼 수 있다. 비교적 신선한 익사체의 반에서 볼 수 있으며, 다른 원인에 의한 심한 폐부종에서도 나타날 수 있으나 비교적 익사에 특징적인 소견이다. 물에서 건져낸 주검에서 이런 거품이 코나 입에서 보이면 일단 익사로 생각해도 좋다. 이는 폐포 안에 들어온 익수와 점액이 섞이고 경련성 호흡운동이 있을 때 공기와 함께 뒤섞여서 생긴다. 가슴이나 배를 누르면 더 많이 흘러나온다.

기관과 기관지 등 기도 안에 점액성 거품이 많이 있으며 때로는 진흙, 모래 등이 발견되기도 한다. 이는 물 속에서 흡입한 것으로 익사의 진단에 중요하다. 폐는 매우 팽창하여 커지며 무게도 800-1,200gm으로 무거워진다. 회백색 또는 분홍색을 띤다. 팽창하였으므로 표면에 늑골이 닿은 부위가 움푹 들어간 모습을 보이기도 한다. 이를 익사폐(溺死肺)라 한다. 폐를 절개하여 눌러보면 거품 섞인 액체가 흘러나오며, 모래, 흙, 말(藻類), 플랑크톤이 관찰될 수 있다.

그 밖의 소견으로 위나 십이지장에서 익수가 관찰된다. 사망 후라도 물 속의 압력으로 위까지 익수가 들어갈 수 있으나 십이지장에 이르는 경우는 드물다. 더욱이 위 안에 익수가 다량이면 익사의 가능성이 높다. 때로 사후 며칠이 지나면 익수가 복강으로 삼출되므로 위나 장에 익수가 없을 수도 있다.

폐포로 흡입한 익수는 폐포사이중격(interalveolar septum)을 통하여 혈액과 섞이며 혈액의 비중, 점도, 성분에 변화를 일으킨다. 익수의 종류에 따라 변화는 달라진다. 익수에 있던 플랑크톤(plankton, 浮游生物)이 폐에서 혈액을 따라 여러 장기에 퍼지고 나중에 여러 장기에서 플랑크톤을 검사하면 익사를 증명할 수도 있다. 그러나 폐에서만 발견된 플랑크톤은 주검이 물 속에 오래 있으면 익사가 아니더라도 사망 후에 물이 폐까지 들어갈 수 있으므로 주의해야 한다.

아주 드물게는 물가의 풀, 지푸라기, 모래, 물풀과 같은 물체를 손에 쥐고 있는 경우가 있다. 이는 긴장성 사후강직으로 사망 당시의 공포 또는 긴장 상태를 의미한다.

수중시체의 소견

이는 단순히 주검이 물 속에 있었으므로 생긴 소견이고, 익사와 직접적인 관계는 없다.

물은 공기보다 열전도율이 높으므로 사후에 체온이 내려가는 비율이 공기 중에서보다 약 20배 정도 빠르다. 또 물 속에서는 수압이 고루 표면에 미치고 파도, 물 흐름 때문에 체위가 항상 바뀌므로 시반(시체 얼룩)이 나타나기 어렵다. 그러나 내부 장기에서의 혈액침강은 여전하다. 시반의 색깔도 연분홍색을 띠는 경우가 많은데, 이는 물 속의 온도가 낮고, 물의 산소가 녹아들어 헤모글로빈과 결합하는 까닭이다.

피부는 마치 소름이 돋듯 닭살처럼 된다. 한랭 자극으로 털세움근이 수축하기 때문이다. 오래 목욕하거나 빨래를 하면 손바닥, 발바닥, 손가락 끝, 무릎, 팔꿈치가 허옇고 쪼글쪼글해진다. 주검도 물 속에 오래 있으면 마찬가지 현상이 생긴다. 몇 시간이 지나면 손가락 끝에 나타나고, 차차 손바닥, 손등으로 넓어지며 오래되면 부패 현상으로 손발의 피부가 손톱, 발톱과 함께 장갑이나 덧신처럼 벗겨진다. 이처럼 벗겨진 피부는 지문을 유지하므로 신원확인에 유용하다.

주검은 물 속에서 비중이 상대적으로 높은 머리와 팔다리를 밑으로 늘어뜨린 채 엎드린 자세인 경우가 많다. 따라서 머리, 얼굴, 목에 혈액침강으로 인한 심한 울혈이 생기고 이곳부터 부패가 시작한다. 부패가 진행하여 가스가 많이 발생하면 거인상(巨人狀)이 된다. 물 속에서는 대기중에서보다 부패의 속도가 1/2 정도로 늦다. 그러나 수중시체를 건져두면 몸 속 부패균이 다시 활발하게 활동하여 부패가 급속히 진행한다. 특히 여름철에 익사체를 검시하려면 부패가 진행하기 전에 서둘러 시행하여야 한다.

수중시체는 파도나 물 흐르는 대로 움직이다가 돌, 바위, 다리, 배의 스크루 등에 부딪쳐 표피박탈, 열창, 골절 등이 생긴다. 또한 물고기나 물 속 생물에 의한 손괴도 생길 수 있다. 당연히 생활반응은 없다.

물에서 생존할 수 있는 시간

찬 물에 빠져 생존할 수 있는 시간은 수온이 0℃이면 즉시 사망하지만 최대 30분까지도 생존할 수 있으며, 0-5℃에서는 최대 1.5시간, 5-10℃에서는 3시간 이내, 10-15℃에서는 6시간 이내, 15-20℃에서는 12시간 이내, 그리고 20℃ 이상이면 체력의 한계까지는 생존할 수 있는 것으로 되어 있다.

익사의 진단

일반적인 질식사의 소견과 익사에 특이한 소견, 즉 익사의 생활반응을 증명하고 수중시체에서 볼 수 있는 소견도 참고하여 종합적으로 판단하여야 한다. 특히 부패가 진행된 경우에는 판단하기 쉽지 않다.

플랑크톤의 검출은 익사에 매우 중요한데, 익수 중에 있는 플랑크톤은 폐포벽을 통과하여 혈액으로 들어가고 혈액순환을 따라 전신에 퍼진다. 플랑크톤은 증류수를 제외한 어떤 물에도 존재하므로 신체 여러 장기에서 증명되면 익사의 진단에 좋은 근거가 된다. 플랑크톤이 폐뿐 아니라 심장, 간, 비장, 신장, 뇌, 골수 등에서 검출되면 살아 있을 때 익수를 흡인한 것이며 따라서 익사로 진단할 수 있다. 그러나 각 장기에 분포한 플랑크톤의 수는 매우 적으므로 검출하기 어렵다. 플랑크톤의 많은 종류 가운데 규조류(珪藻類)는 산과 알칼리에 저항하므로 조직을 산과 알칼리로 녹인 후 원심 분리하여 농축하면 관찰할 수 있다.

그러나 플랑크톤 한 종류가 그것도 몇 개만 관찰되거나 폐나 위의 내용물에서만 관찰되면 진단에 주의하여야 한다. 검출 과정에서 오염되거나 또는 사망 후에 수압으로 폐나 위로 밀려들어간 플랑크톤일 수 있기 때문이다. 조직을 채취하거나 검출하는 과정에서는 수돗물이나 주검 표면에서 잘못 들어가지 않도록 유의하여야 한다.

익사의 진단이야말로 종합적인 판단이 필요한 형태이다. 대개는 상당히 부패한 뒤에 발견되고, 자살이나 사고의 결과로 익사하기도 하지만, 타살의 방법이나 타살 후 주검을 은폐하기 위한 목적으로도 흔히 쓰이기 때문이다.

프랑스엔 〈크세주〉, 일본엔 〈이와나미 문고〉, 한국에는 〈살림지식총서〉가 있습니다.

📖 전자책 | 🔍 큰글자 | 🔊 오디오북

법의학의 세계

펴낸날	초 판 1쇄 2003년 10월 15일
	초 판 14쇄 2020년 8월 5일

지은이	**이윤성**
펴낸이	**심만수**
펴낸곳	**(주)살림출판사**
출판등록	1989년 11월 1일 제9-210호

주소	경기도 파주시 광인사길 30
전화	031-955-1350　팩스 031-624-1356
홈페이지	http://www.sallimbooks.com
이메일	book@sallimbooks.com

ISBN	978-89-522-0143-0　04080
	978-89-522-0096-9　04080

함께 읽으면 좋은 책

126 초끈이론 아인슈타인의 꿈을 찾아서   eBook

박재모(포항공대 물리학과 교수) · 현승준(연세대 물리학과 교수)

빠르게 발전하고 있는 초끈이론을 일반대중이 이해할 수 있도록
쉽게 풀어쓴 책. 중력을 성공적으로 양자화하고 모든 종류의 입자
와 그들 간의 상호작용을 포함하는 모형으로 각광받고 있는 초끈
이론을 설명한다. 초끈이론을 이해하기 위해 필요한 양자역학이
나 일반상대론 등 현대물리학의 제 분야에 대해서도 알기 쉽게 소
개한다.

125 나노 미시세계가 거시세계를 바꾼다   eBook

이영희(성균관대 물리학과 교수)

박테리아 크기의 1000분의 1에 해당하는 크기인 '나노'가 인간
세계를 어떻게 바꿔 놓을 것인지에 대한 해답을 제시하는 책. 나
노기술이란 무엇이고 나노크기의 재료들은 어떻게 만들어지는가,
나노크기의 재료들을 어떻게 조작해 새로운 기술들을 이끌어내는
가, 조작을 통해 어떤 기술들을 실현하는가를 다양한 예를 통해 소
개한다.

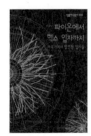

448 파이온에서 힉스 입자까지   eBook

이강영(경상대 물리교육과 교수)

누구나 한번쯤 '우주는 어디에서 시작됐을까?' '물질의 근본은 어
디일까?'와 같은 의문을 품어본 적은 있을 것이다. 물질과 에너지
의 궁극적 본질에 다가서면 다가설수록 우주의 근원을 이해하는
일도 쉬워진다고 한다. 이 책은 바로 이러한 질문들의 해답을 찾기
위해 애쓰는 물리학자들의 긴 여정을 담고 있다.

035 법의학의 세계   eBook

이윤성(서울대 법의학과 교수)

최근 드라마나 영화를 통해 일반인의 호기심을 자극하고 있지만
거의 알려지지 않은 법의학을 소개한 책. 법의학의 여러 분야에 대
한 소개, 부검의 필요성과 절차, 사망의 원인과 종류, 사망시각 추
정과 신원확인, 교통사고와 질식사 그리고 익사와 관련된 흥미로
운 사건들을 통해 법의학에 대한 이해를 돕는다.

395 적정기술이란 무엇인가 `eBook`

김정태(적정기술재단 사무국장)

적정기술은 빈곤과 질병으로부터 싸우고 있는 전 세계의 사람들에게 희망을 안겨주는 따뜻한 기술이다. 이 책에서는 적정기술이 탄생하게 된 배경과 함께 적정기술의 역사, 정의, 개척자들을 소개함으로써 적정기술에 대한기본적인 이해를 돕고 있다. 소외된 90%를 위한기술을 통해 독자들은 세상을 바꾸는 작지만 강한 힘이란 무엇인가에 대해서 알 수 있을 것이다.

022 인체의 신비

이성주(코리아메디케어 대표)

내 자신이었으면서도 여전히 낯설었던 몸에 대한 지식을 문학, 사회학, 예술사, 철학 등을 접목시켜 이야기해 주는 책. 몸과 마음의 신비, 배에서 나는 '꼬르륵' 소리의 비밀, '키스'가 건강에 이로운 이유, 인간은 왜 언제든 '사랑'할 수 있는가에 대한 여러 학설 등 일상에서 일어나는 수수께끼를 명쾌하게 풀어 준다.

036 양자 컴퓨터 `eBook`

이순칠(한국과학기술원 물리학과 교수)

21세기 인류 문명에서 가장 중요한 요소 중의 하나로 꼽히는 양자 컴퓨터의 과학적 원리와 그 응용의 효과를 소개한 책. 물리학과 전산학 등 다양한 학문적 성과의 총합인 양자 컴퓨터에 대한 이해를 통해 미래사회의 발전상을 가늠하게 해준다. 저자는 어려운 전문용어가 아니라 일반 대중도 이해가 가능하도록 양자학을 쉽게 설명하고 있다.

214 미생물의 세계 `eBook`

이재열(경북대 생명공학부 교수)

미생물의 종류 및 미생물과 관련하여 우리 생활에서 마주칠 수 있는 여러 현상들에 대해, 알기 쉽게 풀어 설명한다. 책을 읽어나가며 독자들은 미생물들이 나름대로 형성한 그들의 세계가 인간의 그것과 다름이 없음을, 미생물도 결국은 생물이고 우리와 공생하고 있다는 사실을 알 수 있을 것이다.

375 레이첼 카슨과 침묵의 봄   eBook

김재호(소프트웨어 연구원)

『침묵의 봄』은 100명의 세계적 석학이 뽑은 '20세기를 움직인 10권의 책' 중 4위를 차지했다. 그 책의 저자인 레이첼 카슨 역시 「타임」이 뽑은 '20세기 중요인물 100명' 중 한 명이다. 과학적 분석력과 인문학적 감수성을 융합하여 20세기 후반 환경운동에 절대적 영향을 준 레이첼 카슨과 『침묵의 봄』에 대한 짧지만 알찬 안내서.

277 사상의학 바로 알기   eBook

장동민(하늘땅한의원 원장)

이 책은 사상의학이라는 단어는 알고 있지만 심리테스트 정도의 흥밋거리로 알고 있는 사람들에게 바른 상식을 알려 준다. 또한 한의학이나 사상의학을 전공하고픈 학생들의 공부에 기초적인 도움을 준다. 사상의학의 탄생과 역사에서부터 실생활에서 적용할 수 있는 간단한 사상의학의 방법들을 소개한다.

356 기술의 역사 <small>맨석기에서 유전자 재조합까지</small>

송성수(부산대학교 기초교육원 교수)

우리는 기술을 단순히 사물의 단계에서 생각하기 쉽다. 하지만 기술에는 인간의 삶과 사회의 배경이 녹아들어 있다. 기술의 역사를 통해 우리는 기술과 문화, 기술과 인간의 삶을 연결시켜 생각할 수 있게 될 것이다. 이 책을 읽은 후 주변에 있는 기술을 다시 보게 되면, 그 기술이 뭔가 다른 느낌으로 다가올 것이다.

319 DNA분석과 과학수사   eBook

박기원(국립과학수사연구소 연구관)

범죄수사에서 유전자분석에 대한 관심이 커지고 있지만 간단하게 참고할 만한 책은 거의 없는 실정이다. 이 책은 적은 분량이지만 가능한 모든 분야와 최근의 동향을 소개하고 있다. 특히, 내용의 이해를 돕기 위하여 서래마을 영아유기사건이나 대구지하철 참사 신원조회 등 실제 사건의 감정 사례를 소개하는 데도 많은 비중을 두었다.

eBook 표시가 되어있는 도서는 전자책으로 구매가 가능합니다.

㈜살림출판사
www.sallimbooks.com
주소: 경기도 파주시 문발동 522-1 | 전화 031-955-1350 | 팩스 031-955-1355